孔子学院总部／国家汉办
Confucius Institute Headquarters (Hanban)

《HSK考试ナ

◎ 主编／姜丽萍

◎ 编者／高　扬　袁金春
　　　　　蔡建永　彭锦维

语言点大纲
解析与练习

外语教学与研究出版社
北京

图书在版编目（CIP）数据

HSK 语言点大纲解析与练习／姜丽萍主编；高扬等编. —— 北京：外语教学与研究出版社，2017.11
（《HSK 考试大纲》解析系列）
ISBN 978-7-5135-9644-2

Ⅰ．①H… Ⅱ．①姜… ②高… Ⅲ．①汉语－对外汉语教学－水平考试－习题集
Ⅳ．①H195.4-44

中国版本图书馆 CIP 数据核字 (2017) 第 288895 号

出 版 人　徐建忠
项目编辑　郑丽慧
责任编辑　向凤菲
装帧设计　姚　军
出版发行　外语教学与研究出版社
社　　址　北京市西三环北路 19 号（100089）
网　　址　http://www.fltrp.com
印　　刷　北京盛通印刷股份有限公司
开　　本　787×1092　1/16
印　　张　19
版　　次　2017 年 12 月第 1 版 2017 年 12 月第 1 次印刷
书　　号　ISBN 978-7-5135-9644-2
定　　价　99.00 元

购书咨询：（010）88819926　电子邮箱：club@fltrp.com
外研书店：https://waiyants.tmall.com
凡印刷、装订质量问题，请联系我社印制部
联系电话：（010）61207896　电子邮箱：zhijian@fltrp.com
凡侵权、盗版书籍线索，请联系我社法律事务部
举报电话：（010）88817519　电子邮箱：banquan@fltrp.com
法律顾问：立方律师事务所　刘旭东律师
　　　　　中咨律师事务所　殷　斌律师
物料号：296440001

《HSK 考试大纲》解析系列

策　划：李佩泽　张　园　苗　强

监　制：李亚男　白冰冰　鞠　慧

主　编：姜丽萍

编写委员会成员：

《HSK 语言点大纲解析与练习》

高　扬　袁金春　蔡建永　彭锦维

《HSK 词汇大纲学习手册》（一～六级）

一～三级　高　扬

四　　级　刘红原

五　　级　郭修敏

六　　级　于天昱　强星娜

编写说明

　　语言点学习一直以来是外国汉语学习者的重点和难点，说它重要是因为学习汉语离不开汉语的词汇、句型、语篇等内容，说它难是因为语言点比较抽象，术语不易理解，内容与学习者母语差异较大，等等。孔子学院总部／国家汉办于2015年出版了《HSK考试大纲》（1—6级），其中包括了语言点大纲。大纲是如何破解"语法难"这一问题的？首先，大纲将语法项目分解为一个个语言点，这样分散了难点，便于学习者各个击破；其次，大纲将语言点分为1—6级，级别的划分有利于学习者循序渐进地掌握相关语言点，可以提高他们的学习信心；第三，例句均出自考试真题，具有典型性和示范性，有利于学习者举一反三。

　　《HSK语言点大纲解析与练习》（以下简称"《解析与练习》"）延续了语言点大纲弱化语法、强化标记、突出功能和语用等特点，可进一步帮助学习者更好地掌握语言点，学好汉语。

　　《解析与练习》由语言点名称、解释、格式、例句、比一比、练一练、扩展等板块构成：

　　1. 语言点名称。语言点的选择和排序与《HSK考试大纲》（1—6级）中的语言点大纲一致，便于学习者查找和对照。

　　2. 解释。解释力求简单明了，通俗易懂，且配有英文翻译，为学习者自学扫清障碍。本书语言点的确定遵照大纲，但解析部分各有侧重：1—3级的解析在大纲的基础上进行了适当扩展，4级比较注重句式的解析，5级比较注重复句，6级比较注重语篇和偏误问题。

　　3. 格式。该板块以公式或表格的形式具体介绍语言点的使用语境或使用格式，让复杂的语言点简单化，方便老师教学总结，也便于学生记忆和运用。

　　4. 例句。1—4级的例句基本出自真题，能够真实反映汉语考试中的语言点，避免出现不合适的超纲词，也可以保证同学习者的汉语水平相适应。5级、6级真题中，由于有大量的阅读题涉及社会、科学、生活、古代故事、人物传记等方面的话题，句与句之间有很强的逻辑性，如果直接将其作为例句，句子会太长；如果将某部分单独抽取出来作为例句，则很可能会由于缺少语境而让人难以理解。对于这样的例句，编者进行了适当修订，使例句既能符合考题原意，又能体现该语言点的特点。

个别语言点的重要用法虽然在真题中出现了，但句子不够典型。对于这部分语言点，编者从其他语料库中挑选了符合要求的句子作为例句，或者自行编纂了例句。

5. 比一比。 该板块对学习者容易混淆的语言点进行了详细辨析，同时提供例句帮助学习者理解。辨析同样以简明、扼要、易懂为原则，且提供相应的英文翻译。

6. 练一练。 练习形式多样，涵盖了考题中语言点试题的各种题型。在此基础上，编者根据自身多年的教学经验和语言点的特点，还增加了一些练习形式，学习者可以进行多角度操练，巩固所学，更好地学以致用。

7. 扩展。 部分语言点在HSK考试中，尤其是4—6级考试中，会涉及多种用法，而大纲并未囊括所有用法。针对该问题，本书专设"扩展"板块，在对大纲规定用法进行解析的基础上，补充介绍其他常见、常用用法，以便于学习者全面掌握该语言点。

根据不同级别学习者的特点，以上各个板块的具体设计和深入程度各不相同。本书力求使学习者全方位了解HSK各级别语言点的具体内容和运用方法，真正为学习者解决语法学习的难题。

在设计方面，本书板块分明、清新淡雅、图文并茂，层次和级别性强，是语言点教学的有效工具书之一。

本书由北京语言大学姜丽萍担任主编，负责全书体例、样题的设计及书稿的审订工作，高扬负责1—3级，袁金春负责4级，蔡建永负责5级，彭锦维负责6级。欢迎广大同行批评指正！

编者

2017年8月

目　录

HSK **1** 级

HSK 2 级

HSK **3** 级

HSK **4** 级

HSK **5** 级

HSK 6 级

HSK **1** 级

名 词

1 时候

解释　时间名词，常组成"……的时候"，表示时间。在疑问句中，前面加"什么"用于询问时间。

noun of time　"时候" is often used in "……的时候" to indicate time. In an interrogative sentence, it is used after "什么" to ask for the time.

例句

- 你回来的时候买些水果。
- 你什么时候来我家看小猫？

练一练　用"什么时候"改写句子。

Change the sentences into questions with "什么时候".

① 我下午三点去医院。

_____

② 我们是上个月认识的。

_____

2 前

解释　方位名词，可以用在名词、动词后，表示时间。

noun of location　"前" can be used after nouns or verbs to indicate time.

格式	名词 / 动词 + 前

例句

- 他一个星期前去中国了。
- 我喜欢睡觉前看书。

练一练   选词填空。

Fill in the blanks with the correct words.

① 他十分钟_____回家了。（前　后）
② 我睡觉_____看书了。（前　后）

✛ 扩展

"后"也可以用在名词或动词后，表示时间。

"后" can also be used after nouns or verbs to indicate time.

例　我们三天后回来。

动　词

3 在 1

解释   动词，表示人或事物所在的地点。

verb "在" is used to introduce the place where someone or something is located.

例句

- 你的那本书在桌子上。
- 他不在医院，去学校了。
- 你在哪儿？

📝 **练一练**　看图片，用"在"及所给词语完成句子。
Look at the pictures, and complete the sentences with "在" and the words provided.

① 电脑_____。（上面）　② 学校_____。（前面）

4 会 1

📢 **解释**　能愿动词，表示经过学习，具备了某种技能。
auxiliary verb "会" is used to say that some skills are gained through learning.

格式	主语 + 会 + 动词 / 动词性短语

- 我会做饭。
- 老师，这个字我不会读。
- 你会不会开车？

提示 ▶ "会""能"的区别见第 5 页。

📝 **练一练**　判断图片内容与句子内容是否一致。
True or false.

① 她不会做饭。☐　② 他会写汉字。☐

5　能 1、2

解释 1

能愿动词，表示有可能。

auxiliary verb　"能" is used to indicate possibility, and is often appeared in interrogative or negative sentences.

例句

- 我在饭店，你几点能来？
- 我看他今天不能来了。

解释 2

能愿动词，表示允许、许可，常用于否定句或疑问句。用于否定句表示禁止，用于疑问句表示征求许可。

auxiliary verb　"能" is used to show permission in negative or interrogative sentences. In a negative sentence, it is used to show prohibition; in an interrogative sentence, it is used to ask for permission.

例句

- 你不能在这里打电话。
- 我现在能回家吗？

比一比　会、能

1. "会"可以用作动词，做句子的谓语，后边直接带名词性宾语，"能"不可以这样用。

"会" can be used as a verb to act as predicate of a sentence to link a noun object after it, while "能" cannot be used this way.

例
- 我会汉语。（√）
- 我能汉语。（×）

2. "会" 一般表示需要经过学习从而具备某个技能，而 "能" 还可以表示不需要学习、自身就具备某种能力。

"会" generally means you gain a skill through learning, while "能" can be used to mean you have an innate ability of doing something.

例　▪ 我会开车。
　　▪ 我能听见。

练一练　判断图片内容与句子内容是否一致。
True or false.

① 小姐，这儿不能打电话。□　　② 我能听见你说话。□

6　想

解释　能愿动词，常常用在动词前表达愿望或打算。"想" 前面加 "很"，可以加强语气。

auxiliary verb　"想" is often used before a verb to express one's wishes or plans. "很" can be added before it to strengthen the tone.

例句

　▪ 我想喝水。
　▪ 他很想去中国学习汉语。

✏️ **练一练**　　看图片，用"想"及所给词语完成句子。

Look at the pictures, and complete the sentences with "想" and the words provided.

① 她＿＿＿＿＿＿＿＿。（睡觉）　② 我＿＿＿＿＿＿＿＿。（喝）

 代 词

7　多

📢 **解释**　　疑问代词，用在形容词前边构成疑问句，用于询问年龄、距离、程度等。

interrogative pronoun "多" is used before an adjective to make an interrogative sentence to ask about age, distance or degree, etc.

 例句

> ▪ 你今年多大？
> ▪ A：你女儿很漂亮，她多大了？
> B：八岁。

✏️ **练一练**　　看图片，用"多"完成句子。

Look at the pictures, and complete the sentences with "多".

① A：＿＿＿＿＿＿＿＿＿＿？　② A：你的小狗多大了？
  B：李老师今年三十岁。　 B：＿＿＿＿＿＿＿＿＿。

8 多少

解释　疑问代词，用于询问数量。

interrogative pronoun　"多少" is used to ask about numbers.

例句

- 你们学校有多少老师？
- 他妈妈在那家医院工作多少年了？

提示 ▶ "多少""几"的区别见第9页。

练一练　看图片，用"多少"完成句子。

Look at the pictures, and complete the sentences with "多少".

① 他有＿＿＿＿＿＿？

② 这三本书＿＿＿＿＿＿？

9 几 1、2

解释 1　疑问代词，用于询问数量。

interrogative pronoun　"几" is used to ask about numbers.

例句

- 你去北京学习几天？
- 他上午看了几本书？

练一练   看图片，用"几"完成句子。
Look at the pictures, and complete the sentences with "几".

① A：＿＿＿＿＿＿＿＿？
　 B：现在十点十分。

② A：＿＿＿＿＿＿＿＿？
　 B：她有六个学生。

解释 2   疑问代词，表示不超过十的不确定的数量，后面要有量词。
interrogative pronoun　"几" is used to refer to uncertain numbers not higher than ten, and it is followed by measure words.

例句

- 我要这几本书，多少钱？
- 我的一个朋友想来北京玩几天。

⚠️ 注意

如果表示超过十的不确定的数量，可以用"几"代替数字的个位数。
"几" can be used to replace the single digits when the uncertain number is higher than ten.

例　- 十几本书
　　- 二十几个人

比一比　多少、几

1. "几"一般用于询问或表示不超过十的数量，"多少"可以用于询问或表示任意数量。
"几" is usually used to ask about or refer to uncertain numbers not higher than ten, while "多少" can be used to ask about or refer to any number.

2. "多少"和名词之间可以加量词，也可以不加，"几"和名词之间必须加量词。

Measure words can be omitted between "多少" and nouns, while they must be added between "几" and nouns.

例   ▪ 王老师有多少个学生？（✓）
　　　▪ 王老师有多少学生？　　（✓）
　　　▪ 你看了几本书？（✓）
　　　▪ 你看了几书？　　（✗）

练一练　看图片，用"几"完成句子。
Look at the pictures, and complete the sentences with "几".

① 桌子上有＿＿＿＿＿＿？　② 我想睡＿＿＿＿＿。

10　哪

解释　疑问代词，后边往往带数量词或量词，用于询问人或事物。
interrogative pronoun　"哪" is often followed by quantifiers or measure words to ask about someone or something.

例句
　▪ 哪两个是你的同学？
　▪ 这些书都很好，你想买哪本？

练一练　选词填空。
Fill in the blanks with the correct words.

① 你＿＿＿＿个字不会读？（哪　什么）
② 谢先生＿＿＿＿天回来？（哪　什么）

11 哪儿

📢 **解释**

疑问代词，用于询问地方。

interrogative pronoun "哪儿" is used to ask for a location.

例句

- 你现在在哪儿？
- 你那个同学在哪儿工作？

✏️ **练一练**

用"哪儿"改写句子。

Change the sentences into questions with "哪儿".

① 我今天中午去北京饭店了。

② 我现在住在学校。

12 谁

📢 **解释**

疑问代词，用于询问人。做定语的时候，后面一般有结构助词"的"。

interrogative pronoun "谁" is used to ask about someone. When used as an attribute, it is often followed by structural auxiliary word "的".

例句

- 谁会说汉语？
- 他们是谁？
- 这是谁的电脑？

练一练　选词填空。
Fill in the blanks with the correct words.

① 中午你和＿＿＿＿＿＿吃饭？（谁　什么）
② 那个医生叫＿＿＿＿＿＿名字？（谁　什么）

13　什么

解释　疑问代词，用于询问人、事物、时间、地方等。
interrogative pronoun　"什么" is used to ask about people, things, time or place, etc.

例句
- 她去北京做什么？
- 你什么时候去医院？

练一练　看图片，用"什么"完成句子。
Look at the pictures, and complete the sentences with "什么".

① A：＿＿＿＿＿＿＿？　　　② A：＿＿＿＿＿＿＿？
　　B：我叫王丽。　　　　　　　B：我喜欢吃苹果。

14　怎么 1

解释　疑问代词，用于询问动作行为的方式、事情的原因、人或事物的性质状态等。

interrogative pronoun "怎么" is used to ask about an action, the reason for something or the character or state of someone or something.

- 下雨了，你怎么回家?
- 你怎么来了?

提示 ▶ "怎么""怎么样"的区别见第 14 页。

 练一练　用"怎么"改写句子。
Change the sentences into questions with "怎么".

① 他们开车去学校。

_____

② 我坐飞机回国。

_____

15 　怎么样

 解释　疑问代词，用于询问人或事物的性质状态。
interrogative pronoun "怎么样" is used to ask about the character or state of someone or something.

- 他的汉语怎么样?
- 北京昨天天气怎么样?

比一比　怎么、怎么样

"怎么""怎么样"都可以用于询问人或事物的性质状态。"怎么"通常做状语，"怎么样"通常做谓语。

"怎么" and "怎么样" can both be used to ask about the character or state of someone or something. "怎么" usually serves as an adverbial modifier, while "怎么样" usually serves as a predicate.

例　▪ 他怎么不说话？（✓）
　　▪ 他怎么样不说话？（×）
　　▪ 他的汉语怎么样？（✓）
　　▪ 他的汉语怎么？（×）

练一练　选词填空。

Fill in the blanks with the correct words.

① 你现在的工作＿＿＿＿＿＿？（怎么样　怎么）
② 这个字＿＿＿＿＿＿读？（怎么样　怎么）

16　一点儿

解释　数量词，表示很少的数量或程度不高。"一"有时候可以省略。

quantifier "一点儿" is used to refer to a very little amount or low degree. "一" sometimes can be omitted.

例句

　▪ 我会说一点儿汉语。
　▪ 我想买个大点儿的电视。

提示 ▶ "一点儿""有点儿"的区别见第 62 页。

✎ 练一练   判断图片内容与句子内容是否一致。
True or false.

① 她去商店买了一点儿东西。 □

② 坐后面，后面人少一点儿。 □

17 钱的表示法

📢 解释   "块"是中国的货币单位，用于口语。

"块" is a monetary unit of the *renminbi*, and it is used in oral Chinese.

例句

- A：你好，这本书多少钱？
  B：十七块。
- A：这些水果多少钱？
  B：三十八块。

✎ 练一练   看图片，完成对话。

Complete the dialogues according to the pictures.

① A：这本书多少钱？
  B：＿＿＿＿＿＿＿＿＿。

② A：这件衣服多少钱？
  B：＿＿＿＿＿＿＿＿＿。

18　日期的表示法

解释

在汉语中，日期的表达顺序是"年—月—日"。

In Chinese, the date is expressed in the order of "year—month—day".

格式	年	一九九二年、二〇一七年
	月	一月、二月、三月、四月、五月、六月、七月、八月、九月、十月、十一月、十二月
	号	一号、二号、三号……三十一号
	星期	星期一、星期二、星期三、星期四、星期五、星期六、星期天
	日期表达	四月五号、八月二十七号、十一月一号 四月五号星期日、八月二十七号星期五 一九九〇年九月二十六号星期三、二〇一三年十二月十四号星期六

例句

- 我是一九九〇年来北京的。
- A：今天是几月几号？
  B：今天是四月六号。
- A：今天星期几？
  B：今天星期一。

练一练

看图片，完成句子。

Complete the sentences according to the pictures.

8月							08-28 星期一
一	二	三	四	五	六	日	**28**
	1	2	3	4	5	6	七月初七
7	8	9	10	11	12	13	
14	15	16	17	18	19	20	
21	22	23	24	25	26	27	
28 七夕	29	30	31				

3月							03-02 星期五
一	二	三	四	五	六	日	**2**
			1	2 元宵节	3	4	正月十五
5	6	7	8 妇女节	9	10	11	
12	13	14	15	16	17	18	
19	20	21	22	23	24	25	
26	27	28	29	30	31		

① 今天是＿＿＿＿＿＿。　② 今天是＿＿＿＿＿＿。

19 时间的表示法

 解释

在汉语中，表达时间要按照"点—分"的顺序。时间超过"十分"，"分"可以不说。

In Chinese, time is expressed in the order of "hour—minute". When the minute is over ten, then "分" can be omitted.

格式	点	一点、两点、三点、十二点
	分	一分、十五分、三十分、四十五分、五十九分
	时间表达	五点六分、九点二十四（分）、十七点三十（分）

 例句

- 现在是下午一点十分。
- 现在五点二十，我们六点在火车站见。
- A：你坐几点的飞机？
  B：上午九点。

 练一练

看图片，完成句子。

Complete the sentences according to the pictures.

① 现在是＿＿＿＿＿＿。

② 现在是＿＿＿＿＿＿。

③ 现在是＿＿＿＿＿＿。

④ 现在是＿＿＿＿＿＿。

20 年龄的表示法

🔊 **解释**　在汉语中，数词加"岁"表示年龄。

In Chinese, one's age is expressed in "number + 岁".

例句
- 我今年十六岁了。
- A：小朋友，你多大了？
  B：我四岁。

✏️ **练一练**　看图片，完成句子。

Complete the sentence according to the picture.

三十岁

二十七岁

四岁

爸爸今年_____，妈妈今年_____，我今年_____。

副　词

21 不

🔊 **解释**　副词，表示对事实、人的主观意愿或事物性质状态的否定，一般用于现在和将来。

adverb　"不" is used to negate a fact, a subjective wish or the quality or state of something. It is generally used in present or future tenses.

例句
- 他今天很不高兴。
- 今天下午我不在家。

提示 ▶ "不""没"的区别见第 20 页。

练一练   判断图片内容与句子内容是否一致。
True or false.

① 今天天气不好。□   ② 她不喜欢猫。□

22 都 1

解释   副词，表示"都"之前的人或事物中的每一个个体。
adverb "都" is used to show each of the unit of the persons or things before "都".

例句
- 这些衣服都太大了。
- 他们都是中国人。

练一练   给括号中的词语选择适当的位置。
Choose the correct place for the words in the brackets.

① __A__ 我和女儿 __B__ 爱看 __C__ 电影 __D__ 。（都）
② __A__ 他们 __B__ 是 __C__ 我的学生 __D__ 。（都）

23　没

 解释　副词，用于否定某种情况、变化或否定动作行为已经或曾经发生、完成。

adverb　"没" is used to negate a situation or a change, or to clarify that something has not happened or did not happen.

例句
- 昨天上午没下雨，天气很好。
- 我昨天没看见李老师。

比一比　不、没

1. "不"一般用于否定现在或将来，"没"用于否定过去或现在。
"不" is often used to negate what happens at present or in the future, while "没" is to negate the past or the present.

2. 对"是"否定要用"不"，不能用"没"。
"不" is used to negate "是".

例
- 那不是我的狗。（✓）
- 那没是我的狗。（×）

3. 对"有"否定要用"没"，不能用"不"。
"没" is used to negate "有".

例
- 我没有钱。（✓）
- 我不有钱。（×）

4. 对能愿动词否定通常用"不"。
"不" is often used to negate auxiliary verbs.

例　A：你想吃米饭吗？
　　B：我不想吃米饭。

✎ 练一练　判断图片内容与句子内容是否一致。

True or false.

① 你在哪儿？我没看见你。☐　② 妈妈没睡觉，看电视呢。☐

24　太

🔊 解释　副词，表示程度极高，句尾常有"了"，语气很强。可以用于表达赞叹或对程度过高的不满。

adverb　"太" is used to show extremely high degrees. Normally it is followed by "了" at the end of the sentence. It can be used to express praise or to complain the excessiveness of something.

例句

- 杯子里的水太少了。
- 今天太冷了，我不想去。

⚠ 注意

1. "不 + 太 + 形容词 / 动词"可以减弱否定程度，使语气显得委婉。

"不 + 太 + adjective/verb" can be used to lessen negative degrees and to show a mild tone.

例　
- 他的汉语不太好。
- 我不太喜欢看电视。

2. "太 + 不 + 形容词 / 动词"可以加强否定程度，使语气更强烈。

"太 + 不 + adjective/verb" is used to strengthen negative degrees and to show a strong attitude.

例　你这样做，太不好了！

✏ **练一练**　看图片，用"太"完成句子。
Look at the pictures, and complete the sentences with "太".

① 他的衣服＿＿＿＿＿＿＿。　② 天气＿＿＿＿＿＿＿。

介　词

25　和

📢 **解释**　介词，引进参与、动作等的对象。
preposition　"和" is used to introduce the object of an action.

💬 **例句**

- 昨天上午我和朋友去书店买书了。
- 我和老师说再见。

✏ **练一练**　给括号中的词语选择适当的位置。
Choose the correct place for the words in the brackets.

① ＿A＿你＿B＿谁＿C＿打电话＿D＿呢？　（和）
② 对不起，我＿A＿今天＿B＿不能＿C＿你＿D＿看电影了。　（和）

26　在 2

🔊 **解释**　介词，和名词、代词、动词等组成介词短语，表示动作行为发生的时间、地点等。

preposition　"在" is used together with nouns, pronouns or verbs to refer to the time or place of the happening of an action.

💬 **例句**
- 爸爸在家看电视。
- 在去北京前，她买了一些衣服。

✏️ **练一练**　替换画线部分造句。

Replace the words underlined with the words in the columns to make new sentences.

我在　<u>　家　</u>　　　<u>　看电视　</u>　。

北京	学习汉语
饭店	吃饭
家	睡觉
商店	买东西
学校	学习
医院	看医生

助　词

27　的

🔊 **解释**　结构助词，连接定语和中心语。

structural auxiliary　"的" is used to link attributes and the modified.

格式	定语 + 的 + 中心语

例句

- 他的汉语很好。
- 他有一个漂亮的女儿。
- 他们都是我在中国认识的朋友。

练一练

看图片，用"的"及所给词语完成句子。

Look at the pictures, and complete the sentences with "的" and the words provided.

① 他是＿＿＿＿＿＿＿＿＿
＿＿＿＿＿老师。（我们）

② 我妈妈＿＿＿＿＿＿＿＿
＿＿＿＿＿菜怎么样？（做）

28 了 1、2

解释 1

语气助词，用在句尾，表示某种情况已经发生。

modal particle "了" is used at the end of a sentence to indicate something has already happened.

例句

- 他去饭店了。
- 我们认识很多年了。

✏️ **练一练**   看图片，用"了"及所给词语完成句子。

Look at the pictures, and complete the sentences with "了" and the words provided.

① 昨天上午我和朋友去

_____。（电影）

② 今天上午我在学校____

_____。（朋友）

🔊 **解释 2**   动态助词，用在动词后，表示动作完成，"了"后面常常有表示数量的词。

dynamic auxiliary   "了" is used after verbs to refer to the completion of an action. It is often followed by quantifiers.

例句

- 我在这里住了八个月。
- 上午我看了三本书。

提示 ▶   "过""了"的区别见第 72 页。

✏️ **练一练**   判断图片内容与句子内容是否一致。

True or false.

① 她买了很多东西。   ☐

② 他吃了一个苹果。   ☐

29　吗

解释

语气助词，用于陈述句末尾，构成疑问句，要求对方给予肯定或否定的答复。

modal particle "吗" is used at the end of a declarative sentence to form an interrogative sentence. The reply should be affirmative or negative.

例句

- 你认识他吗？
- 昨天的雨大吗？

练一练

用"吗"改写句子。

Change the sentences into questions with "吗".

① 我是中国人。

_____

② 我看见钱小姐了。

_____

30　呢 1、2

解释 1

语气助词，用在疑问句末尾。

modal particle "呢" is used at the end of an interrogative sentence.

例句

- 她在学校做什么呢？
- 你看什么书呢？

✏️ **练一练**　　看图片，用"呢"完成句子。

Look at the pictures, and complete the sentences with "呢".

① A：_____ ?　　② A：_____ ?

　　 B：我在出租车里。　　　　　 B：我在家学习。

🔊 **解释 2**　　语气助词，可以用在名词、名词性短语或代词后面询问地点或情况。

modal particle　　"呢" is used after nouns, noun phrases or pronouns to ask for a location or a situation.

格式	名词 / 名词性短语 / 代词 + 呢

例句

- A：爸爸在家，妈妈呢？
  B：妈妈在商店。
- A：我的茶杯呢？
  B：在桌子上。

✏️ **练一练**　　看图片，用"呢"完成句子。

Look at the pictures, and complete the sentences with "呢".

① A：我要红茶，_____ ?　　② A：_____ ?

　　 B：我要咖啡。　　　　　　　　 B：衣服在椅子上。

31 喂

🔊 **解释**　　　　叹词，用于和别人打招呼。

interjection　"喂" is used to greet someone.

💬 **例句**

- A：喂，你在哪儿？
  B：我在饭店吃饭呢。
- A：喂，明天我请你去看电影怎么样？
  B：好，我们几点去？

✏️ **练一练**　　看图片，用"喂"完成句子。

Look at the pictures, and complete the sentences with "喂".

① A：＿＿＿＿＿＿＿＿？　　② A：＿＿＿＿＿＿＿＿？
　 B：我在水果店。　　　　　　 B：对不起，我不是小李。

32 名词谓语句

🔊 **解释**　　　由名词、名词性短语或数量短语做谓语，用来表示年龄、天气、日期、价格等的句子，叫做名词谓语句。

It refers to a sentence with nouns, noun phrases or quantitative phrases as its predicate to indicate age, weather, date or price, etc.

格式	主语 + 名词 / 名词性短语 / 数量短语

- 明天大雨。
- 明天星期六。
- 我儿子今年四岁。
- 这个杯子六块钱。

练一练   连线组句。

Match the words in the columns to make sentences.

| 这本书 |
| 今天 |
| 李老师 |

| 星期三 |
| 五十岁 |
| 二十八块 |

33 形容词谓语句

解释   由形容词或形容词性短语做谓语，用来对人或事物进行描述的句子，叫做形容词谓语句。

It refers to a sentence with adjectives or adjective phrases as its predicate to describe someone or something.

格式	主语 + 副词 + 形容词

- 我很好。
- 这件衣服太漂亮了！

✎ **练一练**　看图片，用所给词语完成句子。

Look at the pictures, and complete the sentences with the words provided.

① 天气＿＿＿＿＿＿。（冷）　② 人＿＿＿＿＿＿。（多）

34 主谓谓语句

📢 **解释**　由主谓短语做谓语，用来描述人或事物的句子，叫做主谓谓语句。

It refers to a sentence with subject-predicate phrases as its predicate to describe someone or something.

格式	主语₁	谓语₁	
		主语₂	谓语₂

例句
- 今天天气很好。
- 那个电影我看了。

  练一练　连线组句。

Match the words in the columns to make sentences.

这本书 她 苹果	学习 我 书店	有 吃了一个 很忙

特 殊 句 型

35 "是……的"句

 解释

在对话中，为了突出强调已经发生的事情的某一方面，如时间、地点、方式等，可以使用"是……的"句型。

"是……的" is used in a dialogue to emphasize the time, place or way of something which has happened.

格式	强调时间	主语 + 是 + 时间 + 动词 / 动词性短语 + 的
		他是昨天来中国的。
	强调地点	主语 + 是 + 地点 + 动词 / 动词性短语 + 的
		他是从美国来的。
	强调方式	主语 + 是 + 方式 + 动词 / 动词性短语 + 的
		他是坐飞机来中国的。

 例句

- 我和我先生是在飞机上认识的。
- 他是开车来北京的。
- A：你们是什么时候认识的？
  B：上个月。

⚠️ 注意

1. "是……的"句的否定形式用"不"。

"不" is used to negate "是……的" structure.

例　他不是从美国来的。

2. "是"有时可以不出现。

"是" sometimes can be omitted.

例　他（是）昨天到中国的。

✎ **练一练**　看图片，用"是……的"完成对话。
Look at the pictures, and complete the dialogues with "是……的".

① A：你是怎么来的？
　 B：_____。

② A：_____？
　 B：我是从中国来的。

36　"是"字句

📢 **解释**　由"是"做谓语动词，用于表示判断或存在的句子，叫"是"字句。其否定形式是在"是"的前面加"不"。

It refers to a sentence with "是" as its predicate, and it is used to show judgement or existence. The negative form is to add a "不" before "是".

一、表示判断

例句
- 他妈妈是医生。
- 他不是中国人。

✎ **练一练**　判断图片内容与句子内容是否一致。
True or false.

① 现在是九点十分。☐

② 他是老师。☐

二、表示存在

> - 这里面是什么东西？
> - 商店前面是一家饭店。
> - A：桌子上是什么？
>   B：桌子上是妈妈的书。

 练一练

看图片，用"是"及所给词语完成句子。

Look at the pictures, and complete the sentences with "是" and the words provided.

① _____

_____我爸爸。 （车里面）

② _____你的狗吗？ （桌子下面）

37 "有"字句

 解释

由"有"做谓语动词，用于表示领有或存在的句子，叫"有"字句。其否定形式是在"有"的前面加"没"。

It refers to a sentence with "有" as its predicate, and it is used to show possession or existence. The negative form is to add a "没" before "是".

一、表示领有

> - 他是小学老师，他有很多学生。
> - A：你有多少钱？
>   B：我有六十块钱。

✏️ **练一练**　判断图片内容与句子内容是否一致。
True or false.

① 我有一个苹果，她没有苹果。☐　② 她有三本书。☐

二、表示存在

- 桌子上有一个苹果。
- 这本书上面没有我同学的名字。

✏️ **练一练**　看图片，用"有"完成句子。
Look at the pictures, and complete the sentences with "有".

① 桌子上＿＿＿＿＿＿＿。　② 前面＿＿＿＿＿＿＿＿，
　　　　　　　　　　　　　　我们去那儿吃。

38　连动句

📢 **解释**　在一个句子里，由两个以上的动词或动词性短语做同一个主语的谓语，这样的句子叫连动句。

It refers to a sentence where two or more than two verbs or verbal phrases serve as the predicate to the same subject.

格式   主语 + 动词₁/ 动词性短语₁+ 动词₂/ 动词性短语₂

例句

- 我坐车去学校。
- 我们去前面那个饭店吃饭，怎么样？

 练一练

组句。
Put the words in the correct order to make sentences.

① 出租车   他们   家   坐   回

_____

② 买   商店   水果   去   我

_____

39 兼语句：叫

解释   一个句子的谓语由一个动宾短语和一个主谓短语前后嵌套组成，动宾短语中的宾语同时兼做主谓短语的主语，这样的句子叫兼语句。
It refers to a sentence where the predicate is comprised of a verb-object phrase and a subject-predicate phrase, and the object in the verb-object phrase is also the subject in the subject-predicate phrase.

格式   主语 + 叫 + 人 + 动词 / 动词性短语

例句

- 菜做好了，我去叫爸爸吃饭。
- 妈妈叫小明去买水果。

练一练   给括号中的词语选择适当的位置。

Choose the correct place for the words in the brackets.

①   A 爸爸 B 我们 C 七点 D 回家。 （叫）
②   A 老师 B 她 C 写汉字 D 。 （叫）

句 类

40   疑问句：是非问句

解释   把"吗"放在陈述句的末尾，用来要求对方给出肯定或否定的回答，这样的句子叫是非问句。

It refers to a question where "吗" is at the end and it asks for an affirmative or negative reply.

例句

- 昨天的雨大吗？
- A：那个人你认识吗？
  B：不认识。
- A：他是你的老师吗？
  B：是的。

练一练　用"吗"改写句子。

Change the sentences into questions with "吗".

① 王老师今天来学校。

_____

② 我喜欢喝茶。

_____

41　疑问句：特指问句

解释　使用疑问代词提问的句子叫特指问句。

It refers to a sentence where an interrogative pronoun is used to raise the question.

例句

- 这个人是谁？
- A：你的朋友现在在哪儿？
  B：他在学校。
- A：你去北京做什么？
  B：我去北京学习汉语。

练一练　用所给词语改写句子。

Change the sentences into questions with the words provided.

① 我的电话是 4339620。（多少）

_____

② 这本书是我同学的。（谁）

_____

42 感叹句：太……了！

解释　感叹句用于表达强烈的感情，句尾常用感叹号。

An exclamatory sentence is used to express one's strong feelings. "!" is normally used at the end of the sentence.

例句
- 今天太冷了！
- 这个字是你朋友写的？太漂亮了！

练一练　看图片，用"太……了！"完成句子。

Look at the pictures, and complete the sentences with "太……了！".

① 他＿＿＿＿＿＿！　　② 人＿＿＿＿＿＿！

43 祈使句：请

解释　用礼貌的语气让某人做某事，可以在动词前面加"请"。

"请" can be put before a verb to be polite when asking someone to do something.

例句

- 王先生，请坐。
- 老师，请喝茶。

练一练　看图片，完成句子。

Complete the sentences according to the pictures.

① 请＿＿＿＿＿＿＿＿＿。　　② 请在这儿＿＿＿＿＿＿＿＿。

44 结果补语：动词＋会 / 好 / 见

解释　结果补语用于补充说明动作引起的结果。

The structure is used to supplement the result of an action.

格式	动词 ＋ 会 / 好 / 见

例句

- 她做好饭了。
- 我没听见。
- 他是两个月前学会开车的。

练一练   判断图片内容与句子内容是否一致。

True or false.

① 妈妈做好饭了。□   ② 她没看见。□

HSK1 级
练习参考答案

1 时候	① 你什么时候去医院？	② 你们是什么时候认识的？
2 前	① 前	② 前
3 在 1	① 电脑在桌子上面。	② 学校在前面。
4 会 1	① ×	② ✓
5 能 1、2	① ✓	② ×
6 想	① 她（很）想睡觉。	② 我（很）想喝茶。
7 多 1	① 李老师今年多大了？	② 我的小狗一岁了。
8 多少	① 他有多少（个）苹果？	② 这三本书多少钱？
9 几 1、2	① 现在几点？	② 她有几个学生？
	① 桌子上有几个苹果？	② 我想睡几分钟。
10 哪	① 哪	② 哪
11 哪儿	① 你今天中午去哪儿了？	② 你现在住在哪儿？
12 谁	① 谁	② 什么
13 什么	① 你叫什么名字？	② 你喜欢吃什么水果？
14 怎么 1	① 他们怎么去学校？	② 你怎么回国？

说明：本书部分练习答案不唯一，本答案仅供参考。

15 怎么样	① 怎么样	② 怎么
16 一点儿	① ×	② ✓
17 钱的表示法	① 这本书四十九块钱。	② 这件衣服一百九十九块钱。

18 日期的表示法
① 今天是八月二十八号星期一。
② 今天是三月二号星期五。

19 时间的表示法
① 现在是一点三十（分）／一点半。
② 现在是九点。
③ 现在是七点五十（分）。
④ 现在是八点十分。

20 年龄的表示法

爸爸今年三十岁，妈妈今年二十七岁，我今年四岁。

21 不	① ✓	② ×
22 都₁	① B	② B
23 没	① ×	② ✓
24 太	① 他的衣服太大了。	② 天气太热了。
25 和	① B	② C

26 在₂

我在北京 学习汉语。　　我在饭店 吃饭。
我在家 睡觉。　　　　我在商店 买东西。
我在学校 学习。　　　我在医院 看医生。

27 的	① 他是我们的老师。	② 我妈妈做的菜怎么样？

28 了₁、₂
① 昨天上午我和朋友去看电影了。
② 今天上午我在学校看见朋友了。

		① ✓	② ✓
29	吗	① 你是中国人吗？	② 你看见钱小姐了吗？
30	呢 _{1、2}	① 你在哪儿呢？	② 你在家做什么呢？
		① 我要红茶，你呢？	② 衣服呢？
31	喂	① 喂，你在哪儿呢？	② 喂，是小李吗？
32	名词谓语句	① 这本书二十八块。 ③ 李老师五十岁。	② 今天星期三。
33	形容词谓语句	① 天气很冷。	② 人很多。
34	主谓谓语句	① 这本书书店有。 ③ 苹果我吃了一个。	② 她学习很忙。
35	"是……的"句	① 我是坐出租车来的。	② 你是从哪儿来的？
36	"是"字句	① ×	② ✓
		① 车里面是我爸爸。	② 桌子下面是你的狗吗？
37	"有"字句	① ×	② ×
		① 桌子上有一本书。	② 前面有家饭店，我们去那儿吃。
38	连动句	① 他们坐出租车回家。	② 我去商店买水果。
39	兼语句：叫	① B	② B
40	疑问句：是非问句	① 王老师今天来学校吗？	② 你喜欢喝茶吗？
41	疑问句：特指问句	① 你的电话是多少？	② 这本书是谁的？

42 感叹句：太……了！	① 他太高兴了！	② 人太多了！
43 祈使句：请	① 请喝水。	② 请在这儿写名字。
44 结果补语：动词+会/好/见	① ✓	② ×

HSK **2** 级

1 离

解释

动词，表示空间或时间上的距离。

verb "离" is used to indicate the distance in space or time.

例句

- 她家离公司很近，走路十五分钟就能到。
- 今天是二十六号，离我的生日还有一个多星期。

比一比   从、离

"从"的后面是起点，如果使用"从"表示距离，需要和"到"一起使用，而"离"不需要。

"从" is followed by a starting point. When used to introduce a distance, it needs to be accompanied by "到", while "离" does not.

例
- 从现在到下课还有五分钟。
- 离下课还有五分钟。

练一练   看图片，用"离"完成句子。

Look at the pictures, and complete the sentences with "离".

① 王先生的家_____很远，他每天要坐公共汽车去上班。

② 王小姐的家_____很近，她的女儿每天走路去学校。

2 会 2

解释

能愿动词，表示事情发生的可能性。

auxiliary verb　"会" is used to indicate the possibility of something.

例句

- 坐船、坐飞机都可以到，但是坐船会慢几个小时。
- 这么晚了，他不会打电话了。
- 明天会不会下雨？

练一练

选词填空。

Fill in the blanks with the correct words.

① 医生说妹妹没什么事，回去吃点儿药，多喝热水，休息几天就＿＿＿＿好的。（会　能）

② 这家店的咖啡不错，我没事的时候都＿＿＿＿来这儿坐坐，喝杯咖啡。（会　能）

3 可以 1、2

解释 1

能愿动词，表示许可。

auxiliary verb　"可以" is used to show permission.

例句

- A：让我想想再回答好吗？
  B：可以，没问题。
- 对不起，这儿不可以睡觉。

练一练   看图片，用"可以"完成句子。

Look at the pictures, and complete the sentences with "可以".

① A：你在写什么？我_____

_____？

B：可以，你看吧。

② A：我_____

_____？

B：可以，没问题。

解释 2   能愿动词，表示能够。

auxiliary verb   "可以" means "can; be able to".

例句
- 在一元店里，一块钱就可以买一件东西。
- 每天睡觉前喝一杯牛奶，可以睡得好一些。

练一练   用"可以"及所给词语完成句子。

Complete the sentences with "可以" and the words provided.

① 我的家离学校很近，我_____。（走）
② 他的汉语不错，中国人_____。（听）

4 要 1、2

解释 1   能愿动词，用于表达愿望或打算。

auxiliary verb   "要" is used to express a wish or plan.

例句
- 每天早上她都要慢跑一个小时。
- 今天下午我同学要来我家。

解释 2　能愿动词，表示应该、需要。
auxiliary verb　"要" means "should; need to".

例句

- 你都 78 公斤了，要多运动。
- 你是一个学生，要好好儿学习。

练一练　看图片，用"要"完成句子。
Look at the pictures, and complete the sentences with "要".

① 没有菜了，我＿＿＿＿＿
＿＿＿＿＿＿＿＿＿＿。

② 明天有考试，我＿＿＿＿＿
＿＿＿＿＿＿＿＿＿＿。

5　动词重叠：AA、A — A、ABAB

 解释　有的动词可以重叠，表示动作时间短或者表达一种尝试的意思，
语气比较轻松随意。

Some verbs can be reduplicated to indicate that an action is done within
a short period of time or to show attempts; the tone is easy and casual.

格式	A	AA	例句
	看、听、 读、等	看看、听听、读读、 等等	今天下午我想看看书。

（续表）

格式	A	A—A	例句
	看、听、读、等	看一看、听一听、读一读、等一等	他五分钟后回来，你等一等吧。
	AB	ABAB	例句
	运动、介绍、准备	运动运动、介绍介绍、准备准备	A：外面天气很好，我们出去运动运动？ B：好，打篮球怎么样？

练一练　看图片，用所给词语完成句子。

Look at the pictures, and complete the sentences with the words provided.

① 这个歌很好听，你＿＿＿＿
　　＿＿＿＿＿＿吧。（听）

② 医生，您累了，＿＿＿＿＿
　　＿＿＿＿＿＿吧。（休息）

6 动词结构做定语

解释　有些动词、动词性短语或主谓短语可以在句子中做定语。

Some verbs, verbal phrases or subject-predicate phrases can be used as modifiers in a sentence.

格式	动词 / 动词性短语 / 主谓短语 ＋ 的 ＋ 名词

- 我丈夫新买的红茶，你来一杯？
- 你喜欢爸爸送给你的生日礼物吗？

 练一练   选词填空。

Fill in the blanks with the correct words.

> 介绍中国   妈妈做   打电话

① _____ 的饭很好吃。
② 这是一本 _____ 的书。
③ _____ 的那个人是谁？

7 为什么

 解释   用在疑问句中，表示询问原因或目的。

"为什么" is used in an interrogative sentence to ask about the reason or the purpose.

- 你为什么来中国学习汉语？
- A：为什么不要右边那个？
  B：太小了，我想要大一点儿的床。

 练一练   给括号中的词语选择适当的位置。

Choose the correct place for the words in the brackets.

① 你 _A_ 没 _B_ 洗 _C_ 衣服 _D_ ？（为什么）
② 她的苹果 _A_ 比 _B_ 我的 _C_ 多 _D_ ？（为什么）

形 容 词

8 多 ₂

 解释
形容词，表示数量大或数量增加。

adjective "多" is used to show a large amount or the increase in numbers.

 例句

- 你生病了，要多喝水，多休息。
- 学习汉语要多听多说。

 练一练
给括号中的词语选择适当的位置。

Choose the correct place for the words in the brackets.

① 希望你 __A__ 能在这儿 __B__ 住 __C__ 几天 __D__ 。（多）
② 那儿非常冷。你现在 __A__ 去旅游，__B__ 要 __C__ 穿点儿衣服 __D__ 。（多）

9 形容词重叠：AA

 解释
有的形容词可以重叠，用来强调程度深，或者表达喜爱的感情色彩。

Some adjectives can be reduplicated to emphasize a deep degree or to show one's affection.

	A	AA	例句
格式	长、大、高、小、白	长长、大大、高高、小小、白白	① 这个女孩儿的眼睛大大的。 ② 他女儿的手白白的。

⚠ **注意**

1. 形容词重叠做谓语时后面要加 "的"。

When an adjective reduplication serves as a predicate, "的" must be added after it.

例 ■ 她的头发长长。　　（×）
　 ■ 她的头发长长的。　（√）

2. 形容词重叠时，前面不能再加 "很" "非常" 等程度副词。

Adverbs of degree such as "很" and "非常" cannot be put before an adjective reduplication.

例 ■ 那个孩子的手很小小的。　（×）
　 ■ 那个孩子的手小小的。　　（√）

✏ **练一练**　　看图片，用所给词语完成句子。

Look at the pictures, and complete the sentences with the words provided.

① 这个苹果＿＿＿＿＿
　＿＿＿＿，真好吃。（红）

② 我们家的猫＿＿＿＿＿
　＿＿＿＿＿＿，我女儿
　很喜欢和它一起玩。（小）

10 多 3

 解释　数词，用于表示不确定的数量。

numeral　"多" is used to indicate an uncertain number.

格式	量词	"多"在量词或名词之后	"多"在量词或名词之前
	个		十多个人、三十多个人、一百多个人、一千四百多个人
	本		十多本书、三十多本书、一百多本书、一千四百多本书
	件		十多件衣服、三十多件衣服、一百多件衣服、一千四百多件衣服
	次		十多次、三十多次、一百多次、一千四百多次
	年	一年多、九年多	十多年、二十多年、三百多年
	月 *	一个多月、九个多月	十多个月、二十多个月
	星期 *	一个多星期、九个多星期	十多个星期、二十多个星期
	点	一点多、九点多	
	岁	三岁多、九岁多	十多岁、二十多岁、五十多岁
	块	三块多、九块多	十多块、二十多块、五百多块、一千多块

* 说明：汉语里不说"一个月多""一个星期多"。

例句

- 这个电影很长，有两个多小时。
- A：这件衣服真漂亮，很贵吧？
  B：是，不便宜，一千多块钱呢。

练一练　看图片，用"多"完成句子。

Look at the pictures, and complete the sentences with "多".

① 这个教室很大，能坐
三百 ＿＿＿＿＿＿＿＿。

② 张先生今年已经七十
＿＿＿＿＿＿＿＿了。

11　次

解释　动量词，用于可以重复出现的动作行为。

verbal measure word　"次" is a measure word used to modify actions which can be repeated.

例句

- 医生说，这个药每天吃三次。
- A：你是第一次来北京？
  B：不，去年我和朋友来过一次。

练一练　选词填空。

Fill in the blanks with the correct words.

① A：你好！我的车出问题了，你们能来帮我看＿＿＿＿＿吗？
B：好的，请告诉我您在哪儿。　（一次　一下）

② A：钱医生，这些天怎么没看见你儿子？

B：他现在住学校，每个星期回来_____。（一次　一下）

12　量词重叠：AA

📢 **解释**　量词可以重叠，有"每一"的意思，表示一定范围内的个体具有某种共性。

Measure words can be reduplicated to mean "every", and are used to show the similarity of the units within a certain scope.

	A	AA	例句
格式	件、个、本、次	件件、个个、本本、次次	① 我的朋友个个都会游泳。 ② 他次次考试都考得很好。

✏️ **练一练**　看图片，用所给词语完成句子。

Look at the pictures, and complete the sentences with the words provided.

① 这个商店的衣服_____
_____都很漂亮。（件）

② 这里的书_____
都很有意思。（本）

13　一下

📢 **解释**　数量词，用在动词后，表示做一次或试着做。

quantifier　"一下" is used after a verb to indicate doing something once or attempting to do something.

- 帮我看一下，现在几点了？
- A：过来喝杯水，休息一下吧。
  B：谢谢，我不累。

练一练   判断图片内容与句子内容是否一致。
True or false.

① 我介绍一下，这是李明。   ② 妈妈，等我一下！

副 词

14 都₂

解释   副词，表示"已经"，使用的时候句末要加"了"。
adverb   "都", which means "already", is used with "了" at the end of a sentence.

- 都这么晚了，他可能不会打电话了。
- 都八点了，你怎么还不起床？

✎ **练一练**   用"都"及所给词语完成句子。

Complete the sentences with "都" and the words provided.

① 她_____，要上小学了。（七岁）

② 我们_____，休息一下吧。（走了两个小时）

15 还 1、2、3

📢 **解释 1**   副词，表示动作或状态持续不变。

adverb   "还" is used to indicate the continuation of an action or a state.

例句
- 已经晚上十点了，他还在教室里学习。
- 外面还在下雨吗？

📢 **解释 2**   副词，表示重复地进行某种动作行为。

adverb   "还" is used to show the repetition of an action.

例句
- 他昨天来过，明天还来。
- 他从北京回来了，但是下个月还要去。

📢 **解释 3**   副词，对前面所说的内容进行一些补充说明。

adverb   "还" is used to supplement what is mentioned before.

例句
- 我们玩得很高兴，还学会了一些汉语。
- A：这个手机多少钱？
  B：1090 块，现在买还送您一个茶杯。

✏️ **练一练**   看图片，用"还"及所给词语完成句子。

Look at the pictures, and complete the sentences with "还" and the words provided.

① A：喂，你到家了吗？

B：没呢，我_____

_____。（路上）

② 他喝了一杯，_____

_____。（想）

③ 已经十点了，她_____

_____。（起床）

④ 妈妈买了很多水果，_____

_____。（买）

16 就 1、2

📢 **解释 1**   副词，表示所用时间短，或者动作行为已经或很快将发生。

adverb   "就" is used to indicate that something takes a short period of time, or an action has already happened or is going to happen soon.

- 从这儿去火车站，坐公共汽车二十分钟就到了。
- A：你已经工作了？

B：是，我从去年就开始上班了。
- 你等我几分钟，我很快就写完了。

解释 2   副词，加强肯定的语气。

adverb   "就" is used to emphasize an affirmative tone.

例句

- 报纸就在电视旁边。
- 你看，这就是我家的猫，眼睛漂亮吗？
- A：请问，第十中学怎么走？
  B：您向前走，就在路的左边。

提示 ▶   "便""就"的区别见第 224 页。

练一练   判断图片内容与句子内容是否一致。
True or false.

① 公共汽车就要来了。 ☐   ② 手机就在电脑旁边。 ☐

17 也

解释   副词，表示两个人或两件事的情况相同。

adverb   "也" is used to say two people or two things are in the same situation.

例句

- 他会说汉语，也会说日语。
- 机场离这儿很远，坐公共汽车要一个多小时，坐出租车也要四五十分钟吧。

✎ **练一练**   看图片，用"也"完成句子。

Look at the pictures, and complete the sentences with "也".

① A：我喜欢这件衣服的
　　颜色。
　　B：我＿＿＿＿＿＿＿。

② A：你知道去北京饭店怎
　　么走吗?
　　B：对不起，我＿＿＿＿＿。

18　已经

📢 **解释**   副词，表示动作行为完成或达到某种程度。

adverb　"已经" is used to say an action is done or is finished to some extent.

- 那本书我已经看完了。
- 我从十一岁开始踢足球，已经踢了十年了。

✎ **练一练**   看图片，用"已经"完成句子。

Look at the pictures, and complete the sentences with "已经".

① A：今天的报纸还没送来?
　　B：＿＿＿＿＿＿，在桌上。

② A：你到家了吗?
　　B：我＿＿＿＿＿＿＿。

19　有点儿

解释　程度副词，表示程度不高或数量不多。常用于表示不如意的事情。
adverb of degree　"有点儿" is used to indicate a low degree or small amount. It is often used to describe something unsatisfactory.

例句
- 我有点儿累了。
- A：妈，米饭有点儿少。
  B：没关系，你爸今天不在家吃。

比一比　一点儿、有点儿

"一点儿"是数量词，"有点儿"是副词。"一点儿"可以用在名词前边，也可以用在形容词后边。"有点儿"用在形容词或动词前，常常用来表现不如意的事情或表达一种不满的情绪。

"一点儿" is a quantifier, while "有点儿" is an adverb. "一点儿" can be used before a noun or after an adjective. "有点儿" is used before an adjective or a verb to describe something that is unsatisfactory or to show one's discontent.

例
- 我去商店买了一点儿东西。（✓）
- 天黑了，你路上开车慢一点儿。（✓）
- 我今天有点儿累。（✓）
- 她有点儿漂亮。（✗）

练一练　选词填空。
Fill in the blanks with the correct words.

① 慢＿＿＿＿＿＿＿，你走得太快了。（有点儿　一点儿）
② A：你觉得这件衣服怎么样？
　 B：还可以，会不会＿＿＿＿＿＿＿大？（有点儿　一点儿）

20 再 _{1、2}

 解释 1　副词，用在形容词前，表示"更加"的意思。

adverb　"再" is used before an adjective, meaning "more".

例句
- 请你说得再慢一点儿。
- 这件衣服有点儿小，有再大一点儿的吗？

 解释 2　副词，表示动作行为的重复或继续，用于即将发生的事情。

adverb　"再" means to repeat or continue an action, and is used to refer to something which is going to happen.

例句
- 这些水果很好吃，你再吃一点儿吧。
- A：你到哪儿了？
  B：我在公共汽车上呢，你再等我几分钟。

提示 ▶ "又""再"的区别见第 114 页。

 练一练　给括号中的词语选择适当的位置。

Choose the correct place for the words in the brackets.

① 这个手机 __A__ 能 __B__ 便宜 __C__ 一些 __D__ 吗？（再）
② 服务员，我们 __A__ 想 __B__ 要 __C__ 一个菜 __D__ 。（再）

21 真

解释　副词，表示"的确、实在"的意思，感情色彩较强，多用于感叹句。

adverb　"真", which means "really; indeed", is often used in an exclamatory sentence with strong emotions.

例句

- 你的歌唱得真不错！
- A：火车还有一个小时就进站了。
  B：太好了，坐了这么长时间，真想回家睡一觉。

比一比   真、很

"真""很"都可以作为副词使用，但是"真 + 形容词"不能直接修饰名词。

"真" and "很" can both be used as adverbs, but "真 + adjective" cannot be put right before a noun.

例
- 我今天要洗很多衣服。（✓）
- 我今天要洗真多衣服。（×）

练一练   判断图片内容与句子内容是否一致。
True or false.

① 这本书写得真有意思！ ☐

② 今天真冷！ ☐

22   最

解释   副词，表示人或事物在某方面超过同类。

adverb   "最" indicates the superlative degree.

例句
- 服务员，你们这儿什么菜最好吃？
- 他觉得帮助别人是他最大的快乐。
- 我最喜欢吃你做的鱼了。

练一练　判断图片内容与句子内容是否一致。
True or false.

① 李小姐最高。　□　　② 红色的衣服最贵。　□

介　词

23　从 1、2

解释 1　介词，表示时间的起点。"从"常常和"到"一起用，"从"表示起点，"到"表示终点。

preposition　"从" is used to indicate the starting point of a period of time. It is often used together with "到", meaning "from … to …".

例句
- 我喜欢从晚上八点到十点学习。
- 弟弟是从去年八月开始学习汉语的。

解释 2   介词，表示地点的起点。"从"常常和"到"一起用，"从"表示起点，"到"表示终点。

preposition   "从" is used to indicate the starting point of a distance. It is often used together with "到", meaning "from … to …".

例句

- 从学校到机场，坐出租车要一个小时。
- 从这儿去火车站要多长时间？

提示 ▶   "从""离"的区别见第 46 页。

练一练   选词填空。

Fill in the blanks with the correct words.

① 我＿＿＿＿＿星期一到星期五都有课。（从 离）
② 这儿＿＿＿＿＿火车站不远，很近。（从 离）

24 对

解释   介词，用来引出动作行为的对象或某种态度、观点的相关者。

preposition   "对" is used to introduce the object of an action, an attitude or a viewpoint.

例句

- 医生说，多吃苹果对身体好。
- 儿子送我一块手表，对我说："妈妈，生日快乐！"

练一练   组句。

Put the words in the correct order to make sentences.

① 服务员　热情　我们　对　的　饭店　很

② 件　怎么　这　事情　对　你　看

_____

25 往

解释　介词，后面加方位词或地点，表示动作行为的方向。

preposition　"往" is followed by words of location or places to indicate the direction of an action.

例句
- A：喂，你怎么还没到学校？
  B：我正往学校走呢，你们等我几分钟。
- A：请问火车站怎么走？
  B：往前走，就在路的左边。

提示 ▶　"朝""向""往"的区别见第 233 页。

练一练　看图片，用所给词语完成句子。

Look at the pictures, and complete the sentences with the words provided.

① 他们的车从北京_____

_____。（开往）

② A：请问火车站怎么走？

B：你_____一百米就

到了。（往……走）

助　词

26　吧 1、2、3

🔊 **解释 1**

语气助词，用于句尾，表示用猜测的语气，对不确定的情况进行询问。

modal particle "吧" is used at the end of a sentence to ask about uncertain things by guess.

例句

- 这件衣服真漂亮，很贵吧?
- 这个西瓜真大，有十几斤吧?

🔊 **解释 2**

语气助词，用于句尾，表示劝告、建议或请求等。

modal particle "吧" is used at the end of a sentence to indicate persuasion, suggestions, requests, etc.

例句

- 生病了就别去上班了，在家休息吧。
- 请你快告诉我吧!
- A：晚上我们去唱歌怎么样?
  B：我今天有点儿忙，星期日再去吧。

🔊 **解释 3**

语气助词，用于句尾，表示同意或允许。

modal particle "吧" is used at the end of a sentence to show agreement or permission.

例句

- A：请问，你旁边有人吗?
  B：没有，你坐吧。

A：太晚了，我开车送你回去。

B：没事，我去前面坐公共汽车就可以。

A：那好吧，到家后给我打个电话。

✏ **练一练**　　看图片，用"吧"完成句子。

Look at the pictures, and complete the sentences with "吧".

① A：工作了一天，＿＿＿＿

＿＿＿＿＿＿＿＿＿＿＿。

B：好，我休息一下。

② A：我不喜欢吃这个菜。

B：但是它对你的身体很

好，＿＿＿＿＿＿＿＿。

③ A：别看电视了，明天还要

考试呢。

B：＿＿＿＿＿，我去睡觉。

④ A：这件衣服很漂亮，＿＿＿

＿＿＿＿＿＿＿＿＿。

B：好，那就买这件。

27　"的"字短语

🔊 **解释**　　"的"字短语由形容词、代词、动词等后面加"的"组成，可以在句中当名词结构使用。

This structure with "的" is formed by adjectives, pronouns or verbs plus "的". It serves as a noun structure in sentences.

例句

- 那个白色的杯子是我的。
- 我们中午吃的是米饭。

⚠ 注意

被省略的名词通常可以借由语境明确。

The omitted noun can often make itself clear within the context.

练一练　看图片，用"的"字短语完成句子。

Look at the pictures, and complete the sentences with the "的" structure.

① A：你喜欢什么颜色的手机?
　　B：你觉得这个_____怎么样?

② A：你好，我想买两张九点的电影票。
　　B：对不起，_____已经卖完了。

28 得

解释　助词，用在动词后连接补语，用来表示动作行为的结果或事物的某种状态。

auxiliary "得" is used after a verb to link the complement, which shows the results the verb leads to or the state of something.

例句

- 昨天的雨下得非常大。
- 快点儿吧，你走得太慢了。

📝 **练一练**   看图片，用"得"及所给词语完成句子。

Look at the pictures, and complete the sentences with "得" and the words provided.

① 这本书 _____

_____ 。（有意思）

② 他昨天 _____

_____ 。（不好）

29 过

🔊 **解释**   动态助词，用在动词后，表示曾经的某种经历或动作的完成。

dynamic auxiliary   "过" is used after a verb to indicate a former experience or the completion of an action.

格式	肯定形式	主语		动词	过	（宾语）	
		我		去	过	北京。	
	否定形式	主语	没（有）	动词	过	（宾语）	
		我	没（有）	去	过	北京。	
	是非疑问形式	主语		动词	过	（宾语）	吗？
		你		去	过	北京	吗？
	正反疑问形式	主语		动词	过	（宾语）	没有？
		你		去	过	北京	没有？

例句

- 我看过那个电影，还不错，是我今年看过的最好的电影。
- 你问的这个问题很有意思，我还没想过。我要想想怎么回答，明天告诉你可以吗？

比一比   过、了

1. 一般来说，对于刚完成不久的事情，可以用"了"；对于比较久远的经历，用"过"。

In general, "了" is used to indicate something happened just recently, while "过" is used to indicate something happened long ago.

2. 在各自的否定形式中，"过"要保留，"了"要去掉。

In their negative forms, "过" should be kept, while "了" should be omitted.

例 ▪ A：这个菜你吃过吗？
     B：我没吃过。
   ▪ A：你吃晚饭了吗？
     B：我还没吃。

✎ 练一练   选词填空。

Fill in the blanks with the correct words.

① 我没在那家饭店吃_____，今天我们去那儿吃吧。（过 了）
② A：我已经下飞机_____，你在哪儿呢？
    B：对不起，你等我一下，我很快就到机场了。（过 了）

30 了 3

📢 解释   助词，表示情况出现了变化。

auxiliary "了" is used to show changes of certain situations.

例句

▪ 我生病了。
▪ 天晴了。
▪ 七点了，快起床！

练一练　判断图片内容与句子内容是否一致。

True or false.

① 下雨了。　☐　　② 她的病好了。　☐

31　着 1、2

 解释 1　动态助词，表示状态的持续或动作的进行。

dynamic auxiliary　"着" is used to indicate the continuation of a state or an action.

例句
- 有什么事吗？我正忙着呢。
- 门开着呢，请进。

 解释 2　动态助词，用在两个动词中间，表示动作行为发生的方式。

dynamic auxiliary　"着" is used between two verbs to show how an action happens.

例句
- 她笑着说："明天见。"
- A：你怎么了？一个人坐着想什么呢？
  B：没怎么，我在想公司的一些事情。

练一练　　看图片，用"着"完成句子。

Look at the pictures, and complete the sentences with "着".

① A：我等一下跟你说，
　　我正＿＿＿＿＿呢。
　　B：好的，再见。

② 她每天＿＿＿＿＿
　　去公司。

特 殊 句 型

32　"是……的"句

 解释　　为了突出强调已经发生的动作的施事者，可以使用"是……的"句。

"是……的" is used to emphasize the doer of an action that has happened.

格式　　是 + 施事 + 动词 / 动词性短语 + 的

例句
- 这个礼物是朋友送给我的。
- 这件事是谁告诉你的？

练一练   判断图片内容与句子内容是否一致。

True or false.

① 鱼是小猫吃的。   ☐   ② 午饭是爸爸做的。   ☐

---

33 兼语句：让

 解释   一个句子的谓语由一个动宾短语和一个主谓短语前后嵌套组成，动宾短语中的宾语同时兼做主谓短语的主语，这样的句子叫兼语句。

It refers to a sentence where the predicate is comprised of a verb-object phrase and a subject-predicate phrase, and the object in the verb-object phrase is also the subject in the subject-predict phrase.

> **格式**   主语 + 让 + 人 + 动词 / 动词性短语

 例句

- 对不起，让你等了这么长时间。
- 妻子让他每天早上起床后喝一杯水。

 练一练   组句。

Put the words in the correct order to make sentences.

① 多   让   我   医生   喝   水

---

② 中国   工作   让   公司   他   去

---

34 比较句："比"字句

🔊 **解释**

"比"是介词，用于比较。

"比" is a preposition, and is used to compare something.

	A	比	B	形容词	补语
格式 1	今年	比	去年	冷。	
	今年	比	去年	冷	多了。
	我的杯子	比	他的（杯子）	小。	
	我的杯子	比	他的（杯子）	小	一点儿。
	他	比	去年	高了	不少。
	他	比	我	大	三岁。

	A	比	B	动词	宾语
格式 2	他	比	我	喜欢	看书。
	她	比	我	爱	唱歌。

	A	比	B	动词	得	补语
格式 3.1	他	比	我	唱	得	好。
	她	比	我	来	得	早。

	A	动词	得	比	B	补语
格式 3.2	他	唱	得	比	我	好。
	她	来	得	比	我	早。

	A	比	B	早/晚/多/少	动词	宾语/补语
格式 4	他	比	我	早	到	教室。
	她	比	我	晚	来	三天。
	他	比	我	多	买了	一本书。
	她	比	我	少	运动	十五分钟。

⚠️ **注意**

1. 如果比较双方的中心语相同，"比"后面的中心语一般可以省略。

When the objects that are being compared are the same, the one after "比" is generally omitted.

例 ▪ 我的杯子比他的杯子小。

　　▪ 我的杯子比他的小。

2. 如果比较的是同一人或事物在不同时间上的差异，"比"后面可以直接加时间。

When you are comparing differences in time of the same person or the same thing, then time can be directly added after "比".

例　他比去年高了不少。

3. "比"字句的否定形式要用"没 / 没有"。

"没 / 没有" is used to negate a "比" sentence.

例 ▪ 今年比去年冷。　　→　今年没（有）去年冷。

　　▪ 他比我喜欢看书。　→　他没（有）我喜欢看书。

　　▪ 他比我唱得好。　　→　他没（有）我唱得好。

　　▪ 他唱得比我好。　　→　他唱得没（有）我好。

练一练　看图片，用"比"及所给词语完成句子。

Look at the pictures, and complete the sentences with "比" and the words provided.

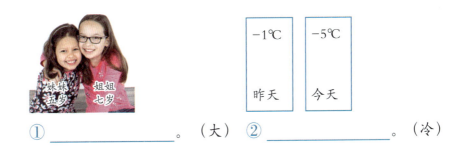

① _____。（大）　② _____。（冷）

35　疑问句：是非问句

 解释　用在说话人提出某种想法或建议后，询问对方的意见。对方一般需要给出肯定或者否定的答复。

This kind of question is put after an idea or a suggestion to ask for other people's opinion. Normally the one being asked needs to give an affirmative or negative reply.

例句

- A：喂，你什么时候到公司？
  B：对不起，再等我十分钟，好吗？
  A：好的。
- A：我想想再回答，好吗？
  B：可以，没问题。

练一练 用所给词语完成句子。

Complete the sentences with the words provided.

① A：我们今天下午去看电影吧？
   B：我今天下午有课。＿＿＿＿＿＿＿＿＿＿＿＿，好吗？
   A：好吧，那就明天去吧。（明天）
② A：我走累了，＿＿＿＿＿＿＿＿＿＿＿＿，好吗？
   B：好，我们去那边休息吧。（休息）

36 疑问句：正反疑问句

一、普通正反疑问句

解释 将谓语的肯定形式和否定形式并列起来构成疑问句，希望对方给予肯定或否定的回答。

This kind of question is to juxtapose the affirmative form of a predicate with the negative form of it, expecting another person to give an affirmative or negative reply.

（一）谓语是形容词的正反疑问句

格式	（主语 +）形容词 + 不 + 形容词？

- 累不累？休息一下吧。
- 下课后我们去打篮球，好不好？

⚠ **注意**

"好不好"放在陈述句末，可以表示建议，意思是"好吗"。

"好不好" is put at the end of a declarative sentence, indicating a suggestion, and is similar to "好吗".

（二）谓语是动词的正反疑问句

格式	主语	动词	不 / 没	动词
	你	去	不 / 没	去？
	主语	动词	不 / 没	动词 + 宾语
	你	去	不 / 没	去商店？
	主语	动词 + 宾语	不 / 没	动词
	你	去商店	不 / 没	去？

- 你看没看今天的报纸？
- 你看那块手表怎么样？我弟弟会不会喜欢？

⚠ **注意**

能愿动词"可以"的正反疑问形式是"可以不可以"或"可不可以"。

The affirmative-negative form of auxiliary verb "可以" is "可以不可以" or "可不可以".

二、用 "是不是" 的正反疑问句

 解释

当说话人对情况已经有了推测，可以使用 "是不是" 的正反疑问句，请求对方证实。

When you want to confirm something, you can use an affirmative-negative question with "是不是".

 例句

- 外面是不是下雨了？
- 是不是我们走错路了？
- 我们明天休息，是不是？

 练一练

把下面的句子改写成正反疑问句。

Change the questions below into affirmative-negative questions.

① 你看，这就是我家的猫，漂亮吗？

_____

② 这些西瓜都太大了，有小点儿的吗？

_____

③ 你昨天去医院了，是吗？

_____

37　感叹句：真……！

解释

为了表达强烈的感情可以使用感叹句。感叹句的末尾常用感叹号。

An exclamatory sentence is used to show one's strong feelings. "!" is usually put at the end of the sentence.

例句

- 一块手表五十块钱，真便宜！
- 你家就在学校旁边？真好！

练一练   判断图片内容与句子内容是否一致。
True or false.

① 这个菜做得真好吃！ ☐   ② 我真想睡觉！ ☐

38 祈使句：别

解释   表示劝阻、禁止。
An imperative sentence with "别" is used to persuade someone not to do something, or to forbid someone from doing something.

格式   别 + 动词 / 形容词 / 动词性短语 / 形容词性短语

例句

- 外面下雨了，今天早上别去跑步了。
- A：菜很快就好，吃了再走吧。
  B：您别忙了，我不在这儿吃饭。

练一练　用"别"及所给词语完成句子。

Complete the sentences with "别" and the words provided.

①　你生病了，＿＿＿＿＿＿＿＿＿＿，在家休息吧。（上班）

②　看电视的时候，＿＿＿＿＿＿＿＿＿＿，这样对眼睛不好。
　　（离……太近）

39　祈使句：不要……了

解释　表示劝阻、禁止。

An imperative sentence with "不要……了" is used to persuade someone not to do something, or to forbid someone from doing something.

格式	不要 + 动词 / 动词性短语 + 了

例句

- 不要玩手机了，开始工作吧。
- 不要再买了，你已经买了很多东西了。

 练一练　看图片，用"不要……了"完成句子。

Look at the pictures, and complete the sentences with "不要……了".

①　＿＿＿＿＿＿＿＿＿＿

　　＿＿＿＿＿＿，我不想听。

②　＿＿＿＿＿＿＿＿＿＿

　　＿＿＿＿＿＿，快起床吧！

40　结果补语

解释　补充说明动作引起的结果。

It is used to supplement the result of an action.

格式	动词 + 对 / 错 / 到 / 懂 / 开 / 完

例句

- 这个字你写错了，是"白"，不是"百"。
- 你说什么？对不起，我没听懂。
- 你送我的那本书我已经读完了。

练一练　看图片，完成对话。

Complete the dialogues according to the pictures.

① A：这里面是什么？　　② A：你＿＿＿＿＿我了吗？

　B：你＿＿＿＿＿看看吧。　　　B：我看到你了！

41　可能补语

解释　用在谓语动词后边，补充说明动作能否实现某种结果。

It is used after a predicate verb to supplement the results of an action.

格式	动词 + 得 / 不 + 见 / 完 / 下

■ 你今天的工作做得完吗？

■ A：我们再来个菜？

　B：这么多菜，我们吃得完吗？

练一练　　判断图片内容与句子内容是否一致。

True or false.

① 你说什么？我听不见。☐　　② 桌子太小了，我们十个人坐不下。☐

42 程度补语

解释　用在动词或形容词后边，补充说明动作行为或事物性质状态所达到的程度。

It is used after verbs or adjectives to supplement the degree an action or something can reach.

格式	肯定形式	主语	动词	得	补语	
		他的舞	跳	得	很好。	
	否定形式	主语	动词	得	补语（用"不"）	
		他的舞	跳	得	不好。	
	是非问句形式	主语	动词	得	补语	吗？
		他的舞	跳	得	好	吗？
	正反疑问形式	主语	动词	得	肯定形式	否定形式
		他的舞	跳	得	好	不好？

- 等等我，你走得太快了！
- 对不起，我没听懂，您可以说得慢一点儿吗？

 练一练　选词填空。

Fill in the blanks with the correct words.

> 不远　很早　不错

① 我这次考试考得＿＿＿＿＿＿＿＿＿＿。

② 我住得＿＿＿＿＿＿＿＿＿，可以走路去学校。

③ 我今天八点上课，所以我起得＿＿＿＿＿＿＿＿＿。

43　数量补语

 解释　由数量短语做补语，补充说明动作进行的次数或持续的时间。

Quantitative phrases are used as complements to show the number of times or the duration of an action.

一、时量补语

- 今天玩了一天，累了吧？
- 每天早上她都要慢跑一个小时。

练一练　选词填空。

Fill in the blanks with the correct words.

> 一天　　几分钟　　十二年

① A：她跳舞跳得真好！

　　B：她从五岁开始学习跳舞，到现在跳了＿＿＿＿＿了。

② A：你昨天没来上班？

　　B：是，我生病了，在家休息了＿＿＿＿＿。

③ A：喂，你到了吗？

　　B：我快到了，你再等我＿＿＿＿＿。

二、动量补语

> ▪ 这个电影我看过三次。
> ▪ 医生说这个药每天吃三次，要饭前吃，吃药后两个小时别喝茶。

练一练　给括号中的词语选择适当的位置。

Choose the correct place for the words in the brackets.

① 去年＿A＿我＿B＿见过＿C＿他们＿D＿。（一次）

② 我＿A＿在这个商店＿B＿买过＿C＿东西＿D＿。（一次）

44 趋向补语：简单趋向补语

解释　用在动词后边，补充说明动作行为的方向。

It is used after verbs to supplement the direction of an action.

格式	动词 + 来 / 去

> ▪ 是谁打来的电话？
> ▪ 他明天回来。
> ▪ 我十五分钟后回去。

练一练　　看图片，完成对话。

Complete the dialogues according to the pictures.

① A：对不起,已经开始了吗?　　② A：玛丽小姐到了吗?
　　B：是的，快点儿＿＿＿＿＿＿　　　　B：你看，她从车里＿＿＿
　　＿＿＿＿＿吧。　　　　　　　　　　＿＿＿＿＿了。

---

45 转折关系：虽然……，但是……

解释　　连接两个分句，后一个分句的意思同前一个分句相反或相对。

This structure is used to link two clauses to indicate that the meanings of the clauses are opposite.

例句
- 虽然那块手表很漂亮，但是太贵了。
- 我虽然会说汉语，但是说得不太好。
- 虽然我喜欢这件黑色的衣服，但是它不便宜。

⚠️ **注意**

1. "虽然"可以用在前一个分句主语的前面或后面。

"虽然" can be used before or after the subject of the first clause in a sentence.

例 ▪ 他虽然不高，但是很喜欢打篮球。
　　▪ 虽然他不高，但是很喜欢打篮球。

2. "但是" 必须用在后一个分句主语的前面。

"但是" must be put before the subject of the second clause.

例 ▪ 虽然今天是我第一次做菜，但是妈妈说很好吃。　（✓）
　　▪ 虽然今天是我第一次做菜，妈妈但是说很好吃。　（×）

提示 ▶ "固然""虽然"的区别见第 276 页。

练一练   用"但是"及所给词语完成句子。

Complete the sentences with "但是" and the words provided.

① 虽然汉语很难，＿＿＿＿＿＿＿＿＿＿＿＿。（有意思）
② 虽然我知道跑步对身体好，＿＿＿＿＿＿＿＿＿＿，
　 没有时间去运动。（工作太忙）

46 因果关系：因为……，所以……

解释   连接两个分句，前一个分句表示原因，后一个分句表示引起的结果。
This structure is used to link two clauses with the first one introducing
the reason and the second the result.

例句

▪ 因为天气冷，所以她没去游泳。
▪ 因为我们家的狗是黑色的，所以我们叫它小黑。

⚠️ 注意

1. "因为"可以用在分句主语的前面或者后面。

"因为" can be used before or after the subject of a clause.

例 ▪ 我因为工作忙，所以很少做菜。

■ 因为我工作忙，所以很少做菜。

2. "所以"必须用在分句主语的前面。

"所以" must be put before the subject of a clause.

例 ■ 因为下雨了，所以我们都没去踢球。　（✓）
　 ■ 因为下雨了，我们所以都没去踢球。　（×）

3. "因为""所以"可以在句子中单独出现。

"因为" and "所以" can both appear alone in a sentence.

例 ■ 有些人因为起床晚了，就不吃早饭，这样做对身体很不好。
　 ■ 下个星期有考试，我要准备一下，所以不能和你出去玩了。

4. 有时，表示原因的分句也可能出现在表示结果的分句后面，作为对结果的补充说明。

Sometimes, as a complement, the clause introducing reasons can be put after the clause introducing the corresponding result.

例 她很高兴，因为今天是她的生日。

🖊 练一练　看图片，用"因为"完成句子。

Look at the pictures, and complete the sentences with "因为".

① 她 ＿＿＿＿＿＿＿＿＿，
　 所以没去学校。

② 她 ＿＿＿＿＿＿＿＿＿，
　 所以很高兴。

固 定 格 式

47　要/快/快要/就要……了

 解释　表示动作行为或事情即将发生。

This structure is used to show that an action or something is about to happen.

格式	主语 + 要 / 快 / 快要 / 就要……了

- 已经十点四十五了，我要回家了。
- 船还有十分钟就要开了，你的朋友怎么还没到？
- A：我的手机快要没电了，这件事情晚上再说吧。
  B：好，晚上等你电话。

⚠️ **注意**

1. "快……了" 中 "快" 的后面可以直接加具体时间，其他格式不可以这么用。

Only "快" in "快……了" can be directly followed by specific time.

例 ▪ 快七点十分了。　　（✓）
　 ▪ 要七点十分了。　　（×）
　 ▪ 快要七点十分了。　（×）
　 ▪ 就要七点十分了。　（×）

2. 如果句子前面有时间，只能用 "就要……了"，其他格式不可以这么用。

When there is time at the beginning of a sentence, only "就要……了" can be used.

例　▪ 还有十分钟船就要开了。 （✓）
　　▪ 还有十分钟船要开了。　（✕）
　　▪ 还有十分钟船快开了。　（✕）
　　▪ 还有十分钟船快要开了。（✕）

 练一练　判断图片内容与句子内容是否一致。
True or false.

① 她就要做妈妈了。□　　② 快十一点了。□

48　在 / 正在 / 正……呢

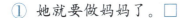 **解释**　表示状态的持续或动作行为在进行中。

The structure is used to show a state is continuing or an action is under way.

格式	主语	在 / 正在 / 正	谓语	呢
	我	在	吃饭	（呢）。
	我	正在	吃饭	（呢）。
	我	正	吃饭	呢。
	我		吃饭	呢。

 例句

▪ 她还没睡觉，在床上看电视呢。
▪ 她们两个正在房间里看书。

✎ **练一练**　判断图片内容与句子内容是否一致。

True or false.

① 别说话，女儿在睡觉呢。☐　② 他给我打电话时，我正在
　　　　　　　　　　　　　　　　洗水果。　☐

HSK2 级
练习参考答案

1 离

① 王先生的家<u>离公司</u>很远，他每天要坐公共汽车去上班。
② 王小姐的家<u>离学校</u>很近，她的女儿每天走路去学校。

2 会₂

① 会   ② 会

3 可以 1、2

① 你在写什么？我<u>可以看看</u>吗？
② 我<u>可以开你的车</u>吗？

① 我的家离学校很近，我<u>可以走着去上学</u>。
② 他的汉语不错，中国人<u>可以听懂他说什么</u>。

4 要 1、2

① 没有菜了，我<u>要去买些菜</u>。
② 明天有考试，我要<u>好好儿准备</u>。

5 动词重叠：AA、
A 一 A、ABAB

① 这个歌很好听，你<u>听听 / 听一听</u>吧。
② 医生，您累了，<u>休息休息</u>吧。

6 动词结构
做定语

① 妈妈做   ② 介绍中国   ③ 打电话

7 为什么

① A   ② A

8 多₂

① B   ② C

9 形容词重叠：
AA

① 这个苹果<u>红红的</u>，真好吃。
② 我们家的猫<u>小小的</u>，我女儿很喜欢和它一起玩。

10 多₃

① 这个教室很大，能坐<u>三百多个人</u>。
② 张先生今年已经<u>七十多岁</u>了。

11 次	① 一下	② 一次

12 量词重叠：AA
① 这个商店的衣服<u>件件</u>都很漂亮。
② 这里的书<u>本本</u>都很有意思。

13 一下	① ✓	② ✓

14 都₂
① 她<u>都</u>七岁了，要上小学了。
② 我们<u>都走了两个小时了</u>，休息一下吧。

15 还₁、₂、₃
① 没呢，我<u>还</u>在路上。
② 他喝了一杯，<u>还想再喝一杯</u>。
③ 已经十点了，她<u>还没起床</u>。
④ 妈妈买了很多水果，<u>还买了鸡蛋</u>。

16 就₁、₂	① ✕	② ✓

17 也	① 我<u>也喜欢</u>。	② 对不起，我<u>也不知道</u>。

18 已经
① <u>已经送来了</u>，在桌上。
② 我<u>已经到了</u>。

19 有点儿	① 一点儿	② 有点儿

20 再₁、₂	① B	② B

21 真	① ✕	② ✓

22 最	① ✕	② ✓

23 从₁、₂	① 从	② 离

24 对
① 饭店的服务员<u>对</u>我们很热情。
② 你<u>对</u>这件事情怎么看？

25 往　　① 他们的车从北京<u>开往</u>西安。
　　　　② 你<u>往东</u>走一百米就到了。

26 吧 1、2、3　　① 工作了一天，<u>休息一下吧</u>。
　　　　② 但是它对你的身体很好，<u>吃一点儿吧</u>。
　　　　③ <u>好吧</u>，我去睡觉。
　　　　④ 这件衣服很漂亮，<u>买这件吧</u>。

27 "的"字短语　　① 你觉得这个<u>白色的</u>怎么样？
　　　　② 对不起，<u>九点的</u>已经卖完了。

28 得　　① 这本书<u>写得很有意思</u>。　② 他昨天<u>睡得不好</u>。

29 过　　① 过　　　　② 了

30 了 3　　① ✓　　　　② ✕

31 着 1、2　　① 我等一下跟你说，我正<u>开着</u>车呢。
　　　　② 她每天<u>走着</u>去公司。

32 "是……的"句　　① ✓　　　　② ✕

33 兼语句：让　　① 医生<u>让我多喝水</u>。　② 公司<u>让他去中国工作</u>。

34 比较句："比"字句　　① 姐姐<u>比妹妹大两岁</u>。　② 今天<u>比昨天冷</u>。

35 疑问句：是非问句　　① 我今天下午有课。<u>我们明天去</u>，好吗？
　　　　② 我走累了，<u>我们休息一下</u>，好吗？

36 疑问句：正反疑问句　　① 你看，这就是我家的猫，<u>漂亮不漂亮 / 漂不漂亮</u>？
　　　　② 这些西瓜都太大了，<u>有没有</u>小点儿的？
　　　　③ 你昨天去医院了，<u>是不是</u>？

37 感叹句：真……！	① ×	② ✓	
38 祈使句：别	① 你生病了，<u>别去上班了</u>，在家休息吧。		
	② 看电视的时候，<u>别离电视太近</u>，这样对眼睛不好。		
39 祈使句：不要……了	① <u>不要说了</u>，我不想听。		
	② <u>不要睡了</u>，快起床吧！		
40 结果补语	① 你<u>打开</u>看看吧。	② 你<u>看到</u>我了吗？	
41 可能补语	① ✓	② ✓	
42 程度补语	① 不错	② 不远	③ 很早
43 数量补语	① 十二年	② 一天	③ 几分钟
	① D	② C	
44 趋向补语：简单趋向补语	① 是的，快点儿<u>进来</u>吧。		
	② 你看，她从车里<u>出来</u>了。		
45 转折关系：虽然……，但是……	① 虽然汉语很难，<u>但是很有意思</u>。		
	② 虽然我知道跑步对身体好，<u>但是我工作太忙了</u>，没有时间去运动。		
46 因果关系：因为……，所以……	① 她<u>因为生病了</u>，所以没去学校。		
	② 她<u>因为过生日</u>，所以很高兴。		
47 要 / 快 / 快要 / 就要……了	① ✓	② ×	
48 在 / 正在 / 正……呢	① ✓	② ✓	

HSK **3** 级

名 词

1　刚才

解释　名词，表示不久以前的时间。

noun　"刚才" means "just now; a moment ago".

例句

- 我刚才在电梯门口遇到经理了。
- A：刚才是谁打的电话？
  B：是我妈妈。
- A：这个帽子怎么样？和刚才那个比，哪个好？
  B：这个更漂亮，就买这个吧。

提示 ▶ "刚""刚才"的区别见第 177 页。

练一练　用"刚才"及所给词语完成句子。

Complete the sentences with "刚才" and the words provided.

① 天气＿＿＿＿＿＿＿，突然就下起雨来了。（很好）

② A：我五分钟以前给你打电话，你没接。
  B：不好意思，我＿＿＿＿＿＿＿。（洗澡）

2　以前

解释　名词，表示比现在或某个时间早的时期，可以单独使用，也可以用在名词、动词、数量词的后面。

noun　"以前" means "earlier times". It can be used independently, or after nouns, verbs and quantifiers.

- 那条街上以前有一家饭店，他们家的羊肉特别有名。
- 春节以前，我不打算回家。
- A：你好，我要一张六月一号去北京的火车票。
  B：二号以前的票都没有了。

练一练　用"以前"及所给词语完成句子。
Complete the sentences with "以前" and the words provided.

① 我胖了，_____都不能穿了。（衣服）
② _____，必须先发现问题是什么。只有先找到问题，然后才能解决问题。（解决）

3 应该 1、2

解释 1　能愿动词，表示需要去做某件事。
auxiliary verb　"应该" means should or ought to do something.

- 我们去爬山，所以你应该穿一双运动鞋。
- 你不应该把这件事告诉他。

⚠️ **注意**
在正反问句中，可以说"应不应该"，也可以说"应该不应该"。
In an affirmative-negative question, "应不应该" and "应该不应该" are both okay.

例　■ 你觉得我应不应该把这件事告诉他？

　　■ 你觉得我应该不应该把这件事告诉他？

练一练　看图片，用"应该"及所给词语完成句子。

Look at the pictures, and complete the sentences with "应该" and the words provided.

① 妹妹的孩子今年七岁，
　　_____。（一年级）

② 没想到外面这么冷，我
　　_____。（大衣）

解释 2　能愿动词，表示估计情况一定这样。

auxiliary verb　"应该" indicates that one reckons that something is bound to be so.

例句

　■ A：这个房子应该有很长的历史了吧？
　　B：是啊，有三百多年了。
　■ A：十四床的病人今天好些了吧？
　　B：好多了，下个星期应该可以出院了。

练一练　用"应该"及所给词语完成句子。

Complete the sentences with "应该" and the words provided.

① A：你考得怎么样？
　　B：我这次花了很多时间准备，_____。（不错）
② A：你不舒服吗？要不要我带你去医院检查检查？
　　B：没关系，我_____，已经吃药了。（感冒）

4 离合词

 解释

离合词通常是双音节动词，可以单独使用，也可以在两个音节中间插入其他成分组成短语使用。

A detachable word is often a two-syllable verb that can be used independently, or with other elements standing in between to form a phrase.

	离合词	用法举例
格式	跑步	跑跑步、跑完步、跑一个小时步
	游泳	游游泳、游完泳、游一个小时泳
	说话	说说话、说完话、说几句话
	聊天儿	聊聊天儿、聊一会儿天儿
	帮忙	帮帮忙、帮个忙、帮他的忙、帮过他的忙
	见面	见过面、见个面、见一次面、见过一次面
	洗澡	洗过澡、洗个澡、洗完澡、洗了半小时澡
	结婚	结过婚、结过一次婚
	考试	考完试、考一次试
	上班	上了一天班
	睡觉	睡了一个小时觉
	请假	请个假、请三天假
	生气	生他的气

 例句

- 他每天游半个小时泳。
- 经理，我有点儿发烧，想请个假。

⚠️ **注意**

1. 一般来说，离合词后面不能直接加宾语。

In general, detachable words cannot directly be followed by objects.

例　■ 见面他　　（×）

　　■ 聊天儿她　（×）

　　■ 帮忙他　　（×）

2. 离合词一般是双音节词，重叠形式为 AAB。

A detachable word usually has two syllables, and its reduplication form is AAB.

例　■ 见见面

　　■ 聊聊天儿

　　■ 帮帮忙

练一练　组句。

Put the words in the correct order to make sentences.

① 觉得　我　李阿姨　可以　一定　帮　忙　我们　的

_____

② 结　婚　这个　过　三次　男人

_____

5　动词重叠：AAB

解释　离合词有时通过重叠可以表示动作时间短或者表达一种尝试的意思，语气比较轻松随意。

Detachable words sometimes can be reduplicated to indicate that an action is done within a short period of time or to show attempts; the tone is easy and casual.

格式	AB	AAB
	帮忙、跑步、洗澡、聊天儿、说话	帮帮忙、跑跑步、洗洗澡、聊聊天儿、说说话

例句
- 请你帮帮忙，这个问题我想了半天还是不明白。
- A：儿子，快起床，外面天气非常好，我们出去跑跑步。
  B：今天是周末，您让我再睡一会儿吧。

练一练　用所给词语完成对话。

Complete the dialogues with the words provided.

① A：你给我打电话，有事吗？
　 B：好久不见了，周末＿＿＿＿＿＿。　（见见面）
② A：你周末都做什么啊？
　 B：不一定，有时出去玩，＿＿＿＿＿＿。　（聊聊天儿）

代词

6　怎么 2

解释　代词，用在"不""没"后面，表示程度低。

pronoun "怎么" is used after "不" and "没" to show a low degree.

例句
- 我不怎么能喝酒，喝一口啤酒，脸都会变红。
- 虽然我在美国学过三年汉语，但是没怎么和中国人说过话。

练一练　用"怎么"及所给词语完成句子。

Complete the sentences with "怎么" and the words provided.

① 我＿＿＿＿＿＿，所以很少去体育馆。　（运动）
② 这次考试他＿＿＿＿＿＿，所以考得不好。　（准备）

7 疑问代词虚指

解释

疑问代词可以用来代替在话语中那些不值一提或说不清楚的人或事物。

Interrogative pronouns can be used to replace non-mentionable or unclear people or things.

例句

- A：看见我的手表了吗?
  B：没注意，你想想放哪儿了。
- A：喂，出门前再检查检查你的行李，别又忘了什么东西。
  B：这次不会了，已经检查过两次了。

练一练

选词填空。

Fill in the blanks with the correct words.

> 什么   谁   哪儿

① 我还没想好周末去＿＿＿＿＿＿＿玩。

② 你好，昨天从你们这儿拿回去的衣服不是我的，你帮我看一下，是＿＿＿＿＿＿＿拿错了。

③ 你妈晚上不在家，所以我们要自己做饭了，让我看看冰箱里有＿＿＿＿＿＿＿。

8 疑问代词任指

解释

疑问代词用于陈述句，可以代指某个范围内的所有对象。

Interrogative pronouns can be used in declarative sentences to refer to every member within a certain scope.

例句
- 来到一个新环境，你会觉得什么都很新鲜，但经过一段时间，你就会慢慢习惯了。
- 姐姐以前又黑又瘦，谁也没想到她现在这么漂亮，变化这么大。

练一练　选词填空。

Fill in the blanks with the correct words.

> 什么　谁　哪儿

① ＿＿＿＿＿＿＿都找不到他的手机。
② 他这两天生病了，＿＿＿＿＿＿＿都不想吃。
③ ＿＿＿＿＿＿＿都不知道她已经搬家了。

9 突然

解释　形容词，表示情况发生得快而出乎意料。
adjective "突然" means "sudden; suddenly".

例句
- 谁都没想到这个突然的变化。
- 这件事太突然了。
- 昨天晚上，儿子突然发烧了。我一直在照顾他，没敢睡觉。
- 真是对不起！我下午突然有点儿事，我们下星期再一起去看电影好吗？

提示 ▶ "忽然" "突然" 的区别见第 226 页。

练一练　组句。

Put the words in the correct order to make sentences.

① 雨　下　突然　真　得

_____

② 突然　天气　冷　变　了

_____

10 形容词重叠：AABB

解释　有的形容词可以重叠，用来强调程度深，有时也包含喜爱的感情色彩。

Some adjectives can be reduplicated to emphasize a deep degree, some of which are used to show affection.

格式	AB	AABB
	高兴、安静、漂亮	高高兴兴、安安静静、漂漂亮亮

例句
- 她的房间总是干干净净的。
- 他希望自己的儿子每天都快快乐乐的。

练一练　用所给词语完成句子。

Complete the sentences with the words provided.

① 他把这些字写得_____的。（清楚）
② 快考试了，他每天都去图书馆_____地复习。（认真）

数 量 词

11 一会儿 1、2

解释 1　数量词，在句中做时量补语，表示很短的时间。

quantifier "一会儿" is used as a temporal complement, meaning a little while.

例句
- 我想再看一会儿书。
- A：雪下得越来越大了，我们回去吧。
  B：再玩一会儿吧。

练一练　用"一会儿"完成句子。

Complete the sentences with "一会儿".

① 跑了一个小时，有点儿累了，我们＿＿＿＿＿＿＿＿＿＿。
② 你们＿＿＿＿＿＿＿＿＿＿，我很快就到。

解释 2　数量词，在句中做时间状语，表示很短的时间之内。

quantifier "一会儿" is used as an adverbial of time, meaning in a short period of time.

例句
- A：再见，一会儿你离开的时候记得关灯。
  B：好的，经理，明天见。
- A：喂，我在门口等你呢。
  B：对不起，我刚从地铁站出来，你再等我五分钟。
  A：好，一会儿见。

练一练　用"一会儿"完成对话。
Complete the dialogues with "一会儿".

① A：你＿＿＿＿＿＿＿＿＿＿＿＿＿？
　　B：我五分钟以后要去学校上课。
② A：请问王老师在吗？
　　B：你等一等，他＿＿＿＿＿＿＿＿＿＿＿＿。

12　才 1、2

解释 1　副词，表示动作行为、事情发生得晚。"才"的前面常常会出现表示时间的词。

adverb　"才" is often used after time to indicate an action or something happens not earlier than a particular time.

例句

- 小王昨天晚上看球赛，两点才睡觉。
- A：你终于来了，都八点一刻了。
  B：对不起，来机场的路上才发现没带护照。

⚠️ **注意**

"就"和"才"常常用来表示动作行为、事情发生得早或晚。在这样的句子中，用"就"的句子末尾要加"了"，用"才"的句子末尾不加"了"。

"就" and "才" are often used to indicate an action or something happens early or late. In a sentence where "就" is used, "了" should be put at the end; while in a sentence with "才", there is no need.

例
- 八点半上课，他八点就到了。（✓）
- 八点半上课，他八点就到。（✕）
- 八点半上课，他九点才到。（✓）
- 八点半上课，他九点才到了。（✕）

练一练   选词填空。

Fill in the blanks with the correct words.

① 今天上午八点有考试，所以我昨天晚上十点____睡了。（才　就）
② 我的车今天早上坏了，我十点____到办公室。（才　就）

解释 2   副词，表示数量少、时间早。"才"通常出现在表示数量、时间的词前面。

adverb　"才" is often used before numbers or time to indicate that the amount is small or it is too early to do something.

- A：你家小晴真是越来越可爱了，读小学了吧？
  B：没呢，今年才六岁，明年秋天上一年级。
- A：现在几点了？我们不会迟到吧？
  B：应该不会，才两点半，还有一个多小时呢。

练一练   选词填空。

Fill in the blanks with the correct words.

四十岁　　两百块　　一个月

① 这条裙子不贵，才_____。
② 这个人是我们学校新来的校长，他很年轻，今年才_____。
③ 我学习汉语的时间不长，才_____。

13 更

🔊 解释

副词，用于比较，表示程度加深。

adverb "更" is used to compare something and to show the deepening of degree.

💬 例句

- 运动能使人更健康。
- 我很少去电影院看电影，我更愿意在家里看电视。

⚠ 注意

"更"用于否定句同样表示程度加深，否定副词"不"要放在"更"的后面。

When "更" is used in a negative sentence, it also indicates the deepening of degree, and the negative adverb "不" goes after "更".

例
- 我不了解中国的历史，他更不了解。
- 我比小云考得更不好。

✏ 练一练

看图片，用"更"完成句子。

Look at the pictures, and complete the sentences with "更".

① A：哪双鞋漂亮？
　 B：我觉得红色的____

　　 _____。

② A：我们去喝咖啡还是喝茶？
　 B：我_____喝茶。

14　还是 1、2

📢 **解释 1**　副词，表示动作行为或状态保持不变。

adverb　"还是" is used to indicate that an action or a state remains unchanged.

💬 **例句**

- 虽然工作很忙，但我每天还是会找时间去锻炼身体。
- A：对不起，这个题我还是不太清楚应该怎么做。
  B：我还以为你听明白了呢，那我再给你讲一次。

📢 **解释 2**　副词，表示经过比较、思考做出了某种选择。

adverb　"还是" is used to show the final decision after comparing and thinking.

💬 **例句**

- A：我们去坐电梯吧？
  B：电影院在四层，还是走上去吧，锻炼锻炼身体。
- A：火车站离这儿很远，我开车送你去。
  B：不用了，谢谢阿姨，我还是自己打车去吧。

✏️ **练一练**　看图片，用"还是"完成对话。

Look at the pictures, and complete the dialogues with "还是".

① A：我的牙_____，
　　中午吃的药没什么作用。
　　B：那你一会儿去医院再检
　　查一下吧。

② A：你想看什么节目？
　　B：没什么好看的，我____
　　_____。

15　马上

🔊 **解释**　副词，表示动作行为或者事情即将发生，后面常有"就""就要"等词。

adverb　"马上" is used to indicate that an action or something is going to happen immediately, and is usually followed by "就" or "就要".

💬 **例句**

- A：你不要一边走路一边看手机，这样对眼睛不好。
  B：我知道，我马上就看完了。
- A：你好，我们房间洗手间的灯坏了。
  B：好，我马上找人上去看看。

⚠️ **注意**

"马上" 也可以单独使用。

"马上" can also be used alone.

例　A：关电脑吧，我们该走了。
　　　B：马上，我很快就看完这封电子邮件了。

✏️ **练一练**　给括号中的词语选择适当的位置。

Choose the correct place for the words in the brackets.

① ＿A＿ 电影 ＿B＿ 就要 ＿C＿ 开始 ＿D＿ 了。（马上）
② 你等我一下，我＿A＿就＿B＿写完＿C＿邮件＿D＿了。（马上）

16　一直 1、2

🔊 **解释 1**　副词，表示方向不变。

adverb　"一直" indicates an unchanged direction, meaning "straight".

例句

- 你一直向前走就能看到图书馆了。
- A：请问最近的车站在哪儿？
  B：你从这里一直向南走，走两分钟就到了。

解释 2

副词，表示状态保持不变，动作行为持续不断。

adverb "一直" is used to indicate a state remains unchanged or an action happens continuously.

例句

- 她学习一直很努力，成绩很好。
- A：没想到你的汉字写得这么好。
  B：谢谢，我一直都在练习，已经有两年了。

提示 ▶ "始终""一直" 的区别见第 230 页。

练一练

用"一直"及所给词语完成句子。

Complete the sentences with "一直" and the words provided.

① A：请问，去北京饭店怎么走？
  B：你＿＿＿＿＿＿＿＿＿就能看到了。（向北）
② A：医生，我的左腿最近＿＿＿＿＿＿＿＿＿。
  B：来，我先帮你检查一下。是这个地方疼吗？（很疼）

17 又

解释

副词，表示同一动作行为重复发生，通常用于已经发生的事情。

adverb "又" indicates the repetition of certain actions, meaning "again". It is often used to describe something which has happened.

例句

- A：又下雪了！今年下过几次雪了？
  B：已经下过两次了，这是第三次了。
- A：怎么办啊？我又胖了两公斤。
  B：没关系，我觉得你这样更可爱。

比一比 又、再

"又""再"都可以表示动作行为的重复，但是"又"用于已经发生的事情，而"再"用于将要发生的事情。

"又" and "再" both can be used to indicate the repetition of actions. "又" is used to refer to things that have happened, while "再" is used to refer to things that are going to happen.

练一练 选词填空。

Fill in the blanks with the correct words.

① 你怎么_____忘记了？这药要饭前吃，不能饭后吃，下次一定要记住。（又　再）
② 欢迎你明年_____到中国来。（又　再）

18 只 1、2

解释 1 副词，表示除此之外没有别的。

adverb "只" means "merely; only".

例句

- 电梯坏了，我们只能走上去了。
- 在北京问路，北京人总是告诉我"向北""向南"或者"向东""向西"，但是我只知道"前""后""左""右"。

🔊 **解释 2**　副词，表示数量少。"只"后面通常有数量词。

adverb　"只" is often followed by quantifiers to show a small amount of something.

💬 **例句**

- 大家都说小李比我大一岁，但其实他只比我大一个月。
- A：还有三十分钟电影就开始了，我们不会迟到吧？

  B：当然不会，从这儿走过去只要十分钟。

⚠️ **注意**

"只"后面不可以直接加数量词或名词，"只有"可以。

"只" cannot be followed directly by quantifiers or nouns, but "只有" can.

例

- 他长得不高，只一米六。　　（×）
- 他长得不高，只有一米六。　（✓）
- 这次考试只李丽没参加。　　（×）
- 这次考试只有李丽没参加。　（✓）

✏️ **练一练**　看图片，完成句子。

Complete the sentences according to the pictures.

① 对不起，这本书不能借出去，只能在＿＿＿＿＿＿。

② 她早饭一般吃得很简单，只＿＿＿＿＿＿＿＿＿。

19 除了 1、2

 解释 1   介词，表示排除一部分，其他部分具有某种共性，通常和"都"一起使用。

preposition   "除了" means "except; but; outside of". It is often used together with "都".

> | 格式 | 除了……（以外），都…… |
> |---|---|

 例句

- 过去，这条街上除了一家小商店，什么都没有，不像现在，有这么多宾馆和银行。
- A：你觉得这段话这样写怎么样？
  B：除了这个句子意思有些不清楚外，其他都不错。

 解释 2   介词，表示"在什么之外，还有别的"，通常和"还""也"一起使用。

preposition   "除了" means "besides; in addition to". It is often used together with "还" and "也".

> | 格式 | 除了……（以外），还 / 也…… |
> |---|---|

 例句

- 坐火车前，除了面包、水果，周明还买了一些报纸。
- 要了解一个人，除了要听他怎么说，还要看他怎么做。

✏️ **练一练**   用"除了……（以外），都／还／也……"改写句子。
Change the following sentences with "除了……（以外），都/还/
也……".

① 马明没参加考试，其他同学参加考试了。

_____

② 在中国，春节是很重要的一个节日，中秋节也是很重要的
一个节日。

_____

20 根据

🔊 **解释**   介词，引进动作行为或者事情的前提或基础。
preposition "根据" is used to introduce the premise or basis of an
action or something.

例句
- 根据老师的要求，明天的考试要带铅笔。
- 根据这段话，我们知道吃水果的时间应该是饭后两小
时或者饭前一小时。

✏️ **练一练**   组句。
Put the words in the correct order to make sentences.

① 工作 找 我们 要 自己 兴趣 根据 的

_____

② 的 要求 公司 根据 国外 ， 工作 我 去 必须
一年

21 关于

解释

介词，引进相关的人或事物。

preposition "关于" is used to introduce relevant people or things.

例句

- 关于明天的考试，大家还有问题吗？
- 请问你什么时候有时间？我想问你一些关于汉语的问题。

⚠️ **注意**

"关于" 出现在定语中时，中心语前一定要加 "的"。

When "关于" is used in an attribute, "的" must be added right before the part that is being modified.

提示 ▶ "对于" "关于" 的区别见第 188 页。

练一练

组句。

Put the words in the correct order to make sentences.

① 关于　想　一些　我　买　中国　书　文化　的

② 关于　的　事情　结婚　我们　，　同意　已经　了　家人　的　我

22 为了

解释

介词，引进动作行为的目的。

preposition "为了" is used to introduce the purpose of an action.

例句

- 为了这次比赛，姐姐准备了一个多月，希望她能拿到好成绩。
- 了解历史是为了更好地了解现在。

✏️ 练一练　用"为了"及所给词语完成句子。

Complete the sentences with "为了" and the words provided.

① _____，她每天都跟中国朋友练习口语。（汉语）

② _____，我们每年都应该去医院做一次身体检查。（健康）

23 向 1、2

📣 解释 1　介词，引进动作行为的方向。

preposition　"向" is used to introduce the direction of an action.

例句

- 我们从办公楼向南走就是图书馆。
- 他向我跑过来了。

📣 解释 2　介词，引进动作行为的对象，常与"借""介绍""了解""请假""学习"等动词搭配。

preposition　"向" is used to introduce the object of an action, and is often followed by verbs such as "借"，"介绍"，"了解"，"请假"，"学习"，etc.

例句

- A：请问这位是？
  B：对不起，我忘了向你介绍，她是我大学同学，叫白云。
- 如果你不能来上课，就要向你的老师请假。

提示 ▶　"朝""向""往"的区别见第 233 页。

练一练　判断图片内容与句子内容是否一致。
True or false.

① 小狗向他跑过去了。　② 她向妈妈学习做菜。

连 词

24　还是 3

解释　连词，列举几种不同的情况以供选择，多见于疑问句。

conjunction　"还是" is often used in interrogative sentences to list different situations for choosing.

例句

- 明天下午开会，你去还是我去？
- A：我的眼镜坏了，要买个新的。你可以跟我一起去吗？
  B：没问题，你想今天去还是明天去？

提示 ▶　"还是""或者"的区别见第 121 页。

✏️ **练一练**　用"还是"完成句子。

Complete the sentences with "还是".

① A：你＿＿＿＿＿＿＿＿＿＿＿＿＿？

　　B：比起唱歌，我更喜欢跳舞。

② A：明天＿＿＿＿＿＿＿＿＿＿＿＿？

　　B：晴天，不是阴天。

25 或者

🔊 **解释**　连词，表示选择或并列关系。

conjunction　"或者" is used to show alternatives or juxtaposition, meaning "or".

💬 **例句**

- 天冷了或者你工作累了的时候，喝杯热茶，真是舒服极了。
- 周六、周日如果没什么事情，我一般会和学生们去爬爬山，或者打打篮球，有时候也会在家里上上网。

比一比　还是、或者

"还是""或者"作为连词都表示选择。"还是"用于疑问句，而"或者"只能用于陈述句。

As conjunctions, "还是" and "或者" both are used to show alternatives. "还是" is used in an interrogative question, while "或者" can only be used in a declarative sentence.

例
- 你想喝茶还是咖啡？（✓）
- 你想喝茶或者咖啡？（✗）
- 出去吃饭时，我一般只喝茶或者果汁，不喝酒。（✓）
- 出去吃饭时，我一般只喝茶还是果汁，不喝酒。（✗）

练一练   选词填空。

Fill in the blanks with the correct words.

① 这不是打电话＿＿＿＿＿＿写电子邮件就能解决的问题，我们还是见面再说吧。（或者　还是）

② A：今天晚饭吃什么？

　　B：你想在家吃＿＿＿＿＿＿出去吃？（或者　还是）

26 地

解释   助词，用在动词前，表示动作行为的状态或方式。

auxiliary "地" is used before a verb to show the state or mode of an action.

例句
- 弟弟高兴地笑了。
- 为了更好地解决问题，我们必须提高自己的水平。

 练一练   选词填空。

Fill in the blanks with the correct words.

① 同事们都说他的汉语水平提高＿＿＿＿很快。（地　得）

② 遇到问题时，我们应该努力＿＿＿＿想办法，去解决问题。（地　得）

27 着 3、4

解释 1   动态助词，表示存在。

dynamic auxiliary   "着" is used to show existence.

例句
- 桌子上放着照相机。
- 草地上开着五颜六色的花。

解释 2   动态助词，表示一个动作在进行的时候，另一个动作开始进行。

dynamic auxiliary   "着" is used to indicate that while one action is going on, the other begins.

例句
- 他说着说着笑了起来。
- 他听着听着忘了自己想说的话。

练一练   判断图片内容与句子内容是否一致。

True or false.

① 教室里坐着很多学生。☐

② 看电视的时候，她们看着看着哭了。☐

28 "把"字句

🔊 **解释**　"把"字句是指由介词"把"构成的介宾短语做状语的句子，表示对确定的人或事物实施某种动作行为，使其发生位移或变化等。"把" sentence refers to the sentence with "把 + object" as the adverbial. It is used to indicate that an action is imposed upon certain people or things to make them move or change.

| 格式 1 | 主语 + 把 + 宾语 + 动词 + 在 / 到 / 给 + 地点 / 对象 |

例句
- 我突然想起，我把帽子忘在洗手间了。
- 她决定把手机送给弟弟。

| 格式 2 | 主语 + 把 + 宾语 + 动词 + 了 / 着 |

例句
- 等一会儿你离开教室的时候，记得把灯关了。
- 出去的时候你把雨伞带着吧。

| 格式 3 | 主语 + 把 + 宾语 + 动词 + 趋向补语 |

例句
- 我先把东西拿下楼去。
- 奇怪，我记得把手机放进包里了，怎么找不到了？

格式 4	主语 + 把 + 宾语 + 动词 + 结果补语

例句

- 你把教室的门关上吧。
- 我想把这个节目看完，你先去睡吧，不用等我。

格式 5	主语 + 把 + 宾语$_1$ + 动词 + 宾语$_2$

例句

- 他不敢把这件事告诉大家。
- 把椅子上的铅笔给我，谢谢。

格式 6	主语 + 把 + 宾语 + 动词 + 其他补语

例句

- 请把声音关小一点儿。
- 儿子把自己的衣服洗得很干净。

⚠️ **注意**

1. "把"字句的谓语中心词也可以是形容词。

The predicate head of a "把" sentence can also be an adjective.

例　上个星期和朋友们去游泳，把我累坏了，到现在我的腿
　　还在疼。

2. "把"字句中，不能省略谓语中心词后的其他成分。

In a "把" sentence, elements after the predicate head cannot be omitted.

例　- 服务员，请把菜单给我。（✓）
　　- 服务员，请把菜单给。（✕）

- 我一天就把那本书读完了。（✓）
- 我一天就把那本书读。（×）

3. 一般来说，"把"字句中的谓语动词都是动作性很强的动词。不能使对象受到影响、发生变化的动词，如"有""在""是""知道""觉得"等，不能作为"把"字句的谓语动词。

Generally speaking, the predicate verbs in a "把" sentence normally indicate strong actions which will exert influence on or change the object. Verbs such as "有", "在", "是", "知道", "觉得", which hardly influence or change the object, cannot be used in a "把" sentence.

例　我把这件事知道了。（×）

4. 介词"把"后面的宾语必须是已知的、确定的人或事物。

The object after the preposition "把" needs to be a known or certain person or thing.

例　
- 我把一件衣服买了。（×）
- 我把那件衣服买了。（✓）

5. 能愿动词、否定副词要放在介词"把"前面。

Auxiliary verbs or negative adverbs need to be put before "把".

例　
- 天气热了，我看我应该把裙子找出来了。
- 我没把那件事告诉他。

练一练　组句。

Put the words in the correct order to make sentences.

① 打扫　教室　把　我们　干净　了　终于

_____

② 桌子　放　到　杯子　上　把　请　我　帮

_____

29　被动句：被

 解释

"被"字句是指由介词"被"等构成的介宾短语做状语的句子，表示主语受到某种动作行为的影响而发生某种变化。

"被" sentence refers to the sentence with "被 + object" as the adverbial. It is used to show the subject of the sentence is changed because of the influence of an action.

格式	主语 + 被 + 宾语 + 动词 + 其他成分

 例句

- 地图被我放在桌子上了。
- "二手"表示东西被人用过了，不是新的。
- 那辆车被我卖了，这辆是我新买的。

⚠️ **注意**

1. 介词"被"的宾语是动作行为的发出者，而主语是相应动作行为的对象。

The object of "被" is the doer of the action, while the subject is the receiver of the action.

例　我的自行车被弟弟骑走了。

2. 如果动作行为的发出者不为人知或没有说明的必要，"被"后的宾语可以省略。

The object after "被" can be omitted when the doer of the action is unknown or not necessary to be pointed out.

例　- 教室被打扫干净了。
- 礼物已经被送到了她的家里。

3. "被"字句中，不能省略谓语中心词后的其他成分。

In a "被" sentence, elements after the predicate head cannot be omitted.

例　■ 教室被打扫干净了。（√）
　　■ 教室被打扫。（×）

4."有""在""是"等动作性不强的动词不能作为"被"字句的
谓语动词。
Verbs such as "有", "在", "是" which convey weak sense of action
cannot act as the predicate of "被" sentences.

例　这件新衣服被我有了。（×）

5.能愿动词、否定副词要放在介词"被"前面。
Auxiliary verbs and negative adverbs should be put before "被".

例　■ 你看，那本书还没被他拿走呢。
　　■ 你放心，这件事是不会被他知道的。

6.口语中常用"叫""让"代替"被"，但是"叫""让"的后面
一定要有宾语。
In oral Chinese, "叫" or "让" often replace "被", and they must have
their objects.

例　■ 那本书被他借走了。（√）
　　■ 那本书被借走了。（√）
　　■ 那本书叫他借走了。（√）
　　■ 那本书叫借走了。（×）
　　■ 那本书让他借走了。（√）
　　■ 那本书让借走了。（×）

✏️ **练一练**   判断图片内容与句子内容是否一致。

True or false.

① 纸被风吹走了。☐   ② 水被他喝完了。☐

30 比较句：……跟……一样

🔊 **解释**   通过介词"跟"引进比较的对象，表示前后两者在某方面没有区别。

"跟" is used to introduce the compared object to show that there is little difference between the former and the latter.

格式 1   A 跟 B 一样

例句
- 你看，我的鞋跟你的一样。
- 这件衣服的颜色跟我在网上看的不太一样。

格式 2   A 跟 B 一样 + 形容词 / 动词 / 动词性短语

例句
- 今天的天气跟昨天一样好。
- 我跟你爸爸一样担心你的考试成绩。

✏️ **练一练**　用"……跟……（不）一样"合并句子。
Combine the sentences into one with "……跟……（不）一样".

① 我喜欢踢足球。李明也喜欢踢足球。

_____

② 我喜欢的运动是踢足球。弟弟喜欢的运动是打篮球。

_____

31 比较句：……像……一样

📢 **解释**　表示两个人或事物在某方面很相似。
The structure is used to say that two people or things are similar to each other in some areas.

💬 **例句**
- 你的头发太长了，像草一样。
- A：你和小王的关系不错？
  B：是，我们两家以前住得很近，就像一家人一样。

✏️ **练一练**　用"……像……一样"及所给词语完成句子。
Complete the sentences with "……像……一样" and the words provided.

① 刚到中国的时候，邻居李阿姨非常照顾我、关心我，_____
_____。（妈妈）

② 她小时候_____，喜欢运动，喜欢玩电子游戏，我几乎没见她穿过裙子。（男孩子）

32 疑问句：选择问句

 解释

通过"还是"连接两种或两种以上的可能，要求对方选择其中之一回答。

In an alternative question, "还是" is used to link two or more possibilities, and the question is to ask others to choose one of them.

 例句

- 你去火车站还是去机场？
- A：你觉得我穿裙子好看还是穿裤子好看？
  B：穿这条白色的裙子吧。

练一练

看图片，用"还是"完成对话。

Look at the pictures, and complete the dialogues with "还是".

① A：_____？
　 B：我想吃米饭。

② A：_____？
　 B：我脚有点儿疼，坐电梯吧。

33 疑问句：反问句

 解释

反问句通常不需要对方做出回答，而是用疑问的形式表达说话人的某种观点或情绪，比同样意思的陈述句语气更强烈。

A rhetorical question needs no reply. It is used to express the speaker's point of view or feelings with a stronger tone than a declarative sentence which conveys the same meaning.

一、使用"不是……吗"的反问句

解释

使用"不是……吗"的反问句可以用来提醒对方某件事，有时带有惊讶或不满的语气。

A rhetorical question with "不是……吗" is used to remind someone of something, sometimes with a tone of surprise or discontent.

例句

- A：你不是说给我带礼物了吗？是什么？让我看看。
  B：礼物在行李箱里呢。
- A：妈，我跟同学去打篮球啦。
  B：你明天不是还要考试吗？
  A：没关系，我已经复习好了。

练一练

用"不是……吗"及所给词语完成对话。

Complete the dialogues with "不是……吗" and the words provided.

① A：你看见我的眼镜了吗？
  B：＿＿＿＿＿＿＿＿＿＿＿＿＿？ （在桌上）
② A：看这个电影吧，怎么样？
  B：＿＿＿＿＿＿＿＿＿＿＿＿＿？
  A：这个电影很好看，我想再看一次。 （看过）

二、使用疑问代词的反问句

解释

使用疑问代词的反问句常用来表示不理解、不满意、不同意等意思。

A rhetorical question with interrogative pronouns is often used to show one's confusion, dissatisfaction or disagreement.

■ 大熊猫那么可爱，谁不喜欢啊？
■ A：我们去踢球吧。
　 B：踢什么球啊？外面下雨了。
■ A：我觉得我最近胖了。
　 B：胖什么啊？你一点儿也不胖。
■ A：你知道明天考试考什么吗？
　 B：我不是老师，我哪儿知道啊？
■ A：你们快结婚了吧？
　 B：我才认识他两个月，怎么能和他结婚？

⚠ **注意**

反问句中的疑问代词"哪儿""怎么"等只表示反问语气，不表示处所、方式或原因。

In a rhetorical question, interrogative pronouns such as "哪儿" and "怎么" only show a tone, and do not convey the meaning of a place, a manner or a reason.

✏ **练一练**　用所给词语完成对话。

Complete the dialogues with the words provided.

① A：你知道小王去哪儿了吗？
　 B：_____？我今天一天都没看见他。（谁）
② A：这件衣服才两千块钱，怎么样，很便宜吧？
　 B：_____？太贵了！（什么）

34　感叹句：多（么）……啊！

📢 **解释**　表示程度很高，常见于感叹句，带有强烈的感情色彩。

The structure is often used in an exclamatory sentence with a strong tone to indicate a high degree.

例句

- 这是一个多么好的机会啊！
- 天晴了，你看，外面蓝天白云，多漂亮啊！
- 我多想参加这次足球比赛啊！

⚠️ **注意**

"多（么）"表示的程度已经很高，所以形容词或动词前不能再出现别的程度副词。

As "多（么）" has already conveyed a high degree, there cannot be any adverb of degree before the adjective or verb.

例
- 别出去了，外面多冷啊！　　（✓）
- 别出去了，外面多很冷啊！　（✕）

✏️ **练一练**　看图片，用"多（么）……啊！"及所给词语完成句子。

Look at the pictures, and complete the sentences with "多（么）……啊！" and the words provided.

① 今天的天气＿＿＿＿＿＿

＿＿＿＿＿＿！（好）

② 爸爸和妈妈＿＿＿＿＿＿

＿＿＿＿＿＿！（爱）

补　语

35 趋向补语：复合趋向补语

📢 **解释**　由"上""下""进""出""回""过""起"同"来""去"

分别组合，放在动词后边补充说明动作的方向，这样的补语叫做复合趋向补语。

"上"，"下"，"进"，"出"，"回"，"过" and "起" can be used together with "来" or "去" as a supplement after a verb to show the direction of an action.

格式   动词 + {
上来、下来、进来、出来、回来、过来、起来
上去、下去、进去、出去、回去、过去
}

例句

- 这里人太多了，我们把车开进去吧。
- 我饿了，我们先坐下来吃点儿饭、喝点儿水，然后再爬吧。
- 你去把冰箱里的啤酒拿出来，我去洗几个杯子。

⚠️ 注意

1. 当动词的宾语为处所词时，一定要放在"来""去"的前边。

When the objects of the verb are places, then they must be put before "来" and "去".

例
- 太晚了，没有车了，我们走回家去吧。   （✓）
- 太晚了，没有车了，我们走回去家吧。   （✗）

2. 当宾语为其他事物时，可以放在"来""去"的前边，也可以放在后边。

When the objects of the verb are other things, then they can be put before or after "来" and "去".

例
- 他从包里拿出两张飞机票来。
- 他从包里拿出来两张飞机票。

✏️ **练一练**   看图片，用所给词语完成句子。

Look at the pictures, and complete the sentences with the words provided.

① A：我们一起＿＿＿＿＿＿。
　 B：好！（搬上去）

② A：服务员，请＿＿＿＿＿＿
　 ＿＿＿＿，我们再点两个菜。
　 B：好，请等一下。（拿过来）

36 趋向补语：复合趋向补语的引申用法

一、动词 + 出来

📢 **解释**   表示事物从无到有或动作完成。

"verb + 出来" indicates a thing comes into being or an action is finished.

- 他把这个故事画出来了。
- 我写出来，你就知道是哪个字了。

二、动词 + 出来

解释

表示通过某种动作行为使事物或情况从隐蔽到显露。

"verb + 出来" indicates that the subject finds out something from some evidences.

例句

- 这是妈妈做的菜，我吃出来了。
- 我听了半天也听不出来这是谁的歌。

三、动词 / 形容词 + 起来

解释

表示动作行为或者状态开始并持续。

"verb/adjective + 起来" indicates that an action or a state begins and continues.

例句

- 冬天到了，天气冷起来了。
- 吃饭以后，李老师看起书来了。

四、动词 + 起来

解释

表示对事物、事情进行估计或者评价。

"verb + 起来" indicates to estimate or comment on something.

例句

- 今天的天气看起来不错。
- 电子词典用起来很方便。

五、动词 + 起来

解释

表示回想起来过去的事情。

"verb + 起来" indicates that someone remembers something in the past.

例句

- 我记起来了，护照在妈妈房间的桌子上。
- 我想起来了，他是我的小学同学。

六、动词 + 上去

解释

表示对事物、事情进行估计或者评价。

"verb + 上去" indicates to estimate or comment on something.

例句

- 有些事情看上去很简单，但要做好，其实不容易。
- A：你这张照片是什么时候照的，看上去跟现在不太一样。

  B：去年夏天照的，那时比较瘦，而且是短头发。

七、动词 + 下去

解释

表示动作行为继续进行。

"verb + 下去" indicates the continuation of an action.

例句

- 虽然汉语很难，但是我也要学下去。
- 我觉得他说得很对，你应该听下去。

✏️ **练一练**　　选词填空。

Fill in the blanks with the correct words.

> 起来　下去　上去　出来

① 你帮我看看这个题吧。我想了半天也没做＿＿＿＿＿＿＿。
② 这些葡萄看＿＿＿＿＿＿＿很新鲜，我们买点儿吧。
③ 这个电影没意思，我不想看＿＿＿＿＿＿＿了。
④ 这本书读＿＿＿＿＿＿＿有点儿难。

37　并列关系：一边……，一边……

📢 **解释**　　表示两个动作同时进行。前后两个分句的主语可以相同，也可以不同。

"一边……，一边……" indicates two actions are going on at the same time. The subjects of the two clauses can be the same or different.

💬 **例句**
- 他喜欢每天早上起床后，一边吃早饭，一边看报纸。
- 老师一边讲，我们一边写。

⚠️ **注意**

前后两个分句主语相同时，"一边"中的"一"可以省略，表达同样的意思。

When the subjects of the two clauses are the same, "一" from "一边" can be omitted without changing the meaning.

例
- 他喜欢边吃饭，边看电视。（✓）
- 他边吃饭，我边看电视。（✗）

✐ **练一练**　看图片，用"一边……，一边……"完成句子。
Look at the pictures, and complete the sentences with "一边……，一边……".

① 她跟我一样，都喜欢

_____。

② 她喜欢和朋友_____

_____。

38　承接关系：先……，然后 / 再……

📢 **解释**　表示动作行为或事情发生的先后顺序。
The structure is used to indicate the order of an action or how things happen.

💬 **例句**

- 明天早上我先去银行，然后再去找你。
- 现在我们开始做蛋糕，先放鸡蛋，然后放牛奶。

✐ **练一练**　看图片，完成对话。
Complete the dialogues according to the pictures.

① A：这几个都是我们店很有名的菜。
　 B：好的，我先_____
　 _____，一会儿再叫你。

② A：请问这个字怎么读？
　 B：我也不认识，我先查一下字典，然后_____
　 _____。

39　承接关系：一……，就……

🔊 **解释 1**　连接两个分句，表示一个动作行为紧接着另一个动作行为发生。两个动作行为的主语可以相同，也可以不同。当主语不同时，两个主语要分别放在"一""就"的前面。

The structure is used to link two clauses to indicate that one action happens right after the other. The subjects of the two clauses can be the same or different; when they are different, they need to be before "一" and "就" separately.

- 我一到公司就给你发电子邮件。
- 老师一住院，学生们就去医院看他。

🔊 **解释 2**　连接两个分句，前一个分句表示条件，后一个分句表示在这种条件下产生的结果。两个分句的主语可以相同，也可以不同。当主语不同时，两个主语要分别放在"一""就"的前面。

The structure is used to link two clauses with the first one giving a condition and the second giving the corresponding results. The subjects of the two clauses can be the same or different; when they are different, they need to be before "一" and "就" separately.

- 我最大的爱好就是旅游。一有机会，我就会到外面走走。
- 妈妈一不在家，他就会叫很多朋友来玩。

✏️ **练一练**　用"一……，就……"及所给词语完成句子。
Complete the sentences with "一……，就……" and the words provided.

① 我昨天非常累，＿＿＿＿＿＿＿＿＿＿。（回家　睡觉）
② 这个题其实很简单，我＿＿＿＿＿＿＿＿。（说　明白）

40　递进关系：不但……，而且……

解释　连接两个分句，后一分句比前一分句在意思上更进一层。

The structure is used to link two clauses, meaning "not only ..., but also ...".

格式 1	主语 + 不但……，而且……

例句

- 他不但会说英语，而且还会说汉语。
- 现在的手机不但可以打电话，而且可以听音乐、上网、玩游戏。

格式 2	不但 + 主语$_1$……，而且 + 主语$_2$……

例句

- 不但他来过北京，而且他的儿子也来过北京。
- 不但我不知道这件事，而且她也不知道这件事。

练一练　用"不但……，而且……"合并句子。

Combine the sentences into one with "不但……，而且……".

① 她喜欢跳舞。她跳舞跳得很好。

_____

② 她喜欢玩电脑游戏。她弟弟也喜欢玩电脑游戏。

_____

41 选择关系：不是……，就是……

解释

连接两个分句，前后两个分句分别提出一个选项。

The structure is used to link two clauses with each giving a choice.

例句

- A：你知道小李在哪儿吗？
  B：他不是在图书馆看书，就是在体育馆打球。
- A：你觉得她是哪国人？
  B：我觉得她不是日本人，就是韩国人。

练一练

用"不是……，就是……"及所给词语完成对话。

Complete the dialogues with "不是……，就是……" and the words provided.

① A：你打算哪天去北京？
　 B：＿＿＿＿＿＿＿＿＿＿＿＿＿＿。（星期六　星期天）
② A：你周末做什么？
　 B：我还没想好，＿＿＿＿＿＿＿＿＿。（电影　篮球）

42 转折关系：……，就是……

解释

"就是"是连词，表示转折关系，语气比较和缓。

"就是" is a conjunction used to show a turning relation in a mild way.

例句

- 这件衬衫很好，就是太贵了。
- A：你这儿的环境很好，很安静。
  B：买东西也方便，就是离地铁站有点儿远。

练一练　看图片，完成对话。
Complete the dialogues according to the pictures.

① A：今天天气不错。
　　B：是挺好的，就是_____。

② A：你怎么了？
　　B：没什么，就是_____
　　　　_____，休息一会儿就好了。

43 假设关系：如果……，就……

解释　连接两个分句，前一分句提出假设，后一分句呈现在这个假设下产生的结果。两个分句的主语可以相同，也可以不同。如果不同，后一分句的主语应该在"就"的前面。

The structure is used to link two clauses with the first one raising a hypothesis and the second giving the corresponding results. The subjects of the two clauses can be the same or different; when they are different, the subject of the second clause needs to be before "就".

例句

- 如果一个人不相信自己，就很难把事情做好。
- 如果你不想喝啤酒，那就拿些水吧。
- 春天来了，公园里的花都开了，如果带上照相机就好了。
- 如果你的成绩提高了，我就送你一个照相机。

⚠️ **注意**

有时可以省略"如果"或者"就"。

"如果" or "就" can be omitted sometimes.

例　▪ 如果公司事情多，我可能要晚一点儿回来。

　　▪ 做蛋糕其实很简单，你有兴趣，我就教你。

✏️ **练一练**　看图片，用"如果……，就……"及所给词语完成句子。

Look at the pictures, and complete the sentences with "如果……，就……" and the words provided.

① 如果你喜欢这件衣服，

　_____。（买）

② 如果明天天气不错，

　_____。（爬山）

44 条件关系：只有……，才……

📢 **解释**　连接两个分句，前一分句提出实现结果的唯一条件，后一分句呈现在这个条件下产生的结果。

The structure is used to link two clauses with the first one raising the only condition, and the second giving the corresponding result.

💬 **例句**

▪ 只有多练习，才能提高你的篮球水平。

▪ 年轻人就应该努力学习，只有这样才能得到更多机会。

✏️ **练一练**　连线组句。

Match the words in the columns to make sentences.

只有爸爸、妈妈同意 只有多说 只有这样做	才能解决他们的问题 才能提高你的口语水平 我才能和你结婚

45　对……来说

📢 **解释**　在句子中，可以通过"对……来说"将相关的人或事物突出出来，有强调的作用。

"对……来说" can be used in a sentence to lay stress on relevant people or things.

💬 **例句**
- 北京是个不错的地方，特别是对年轻人来说，有很多机会。
- 我觉得自己还很年轻，不想这么早结婚。对我来说，现在工作更重要。

✏️ **练一练**　用"对……来说"及所给词语完成句子。

Complete the sentences with "对……来说" and the words provided.

① _____，工作和家人都很重要。（小张）

② _____，春节是一年中最重要的节日。（中国人）

46　拿……来说

解释　在句子中，可以通过"拿……来说"引出某个话题或进行举例。

"拿……来说" is used in a sentence to introduce a topic or to give an example.

例句

- "王"是中国第一大姓，在中国，姓王的人非常多。拿我们家来说，我姓王，我妈和我妻子也姓王，是不是很有意思？
- 人们都说"女大十八变，越变越好看"。拿我姐姐来说，她小时候又黑又瘦，谁都没想到她现在这么漂亮，变化这么大。
- 我发现有些水果不能放在一起，拿香蕉和苹果来说吧，如果长时间放在一起，香蕉会很容易变坏。

练一练　用"拿……来说"及所给词语完成句子。

Complete the sentences with "拿……来说" and the words provided.

① 现在越来越多的人喜欢在电脑上看新闻，＿＿＿＿＿＿，他已经好几年没买过报纸了。（我爸爸）
② 多吃水果对身体好，＿＿＿＿＿＿，她每天都要吃一个苹果。（小王）

47　一……也/都＋不/没

解释　表示否定，语气比较强。

The structure is used to negate something with a strong tone.

例句

- 我对北京一点儿都不了解。
- 我一个汉字都不会写。

练一练　判断图片内容与句子内容是否一致。
True or false.

① 房间里一点儿也不冷。☐　　② 这条路上一个人也没有。☐

48　又……又……

解释　表示同时具备两种性质或存在两种情况。
The structure is used to say that the subject possesses two qualities or involves two conditions.

格式 1	又 + 形容词 $_1$ + 又 + 形容词 $_2$

例句
- 她的头发又黑又长，很漂亮。
- 妈妈做的菜又好看又好吃，没有人不喜欢。

格式 2	又 + 动词 $_1$/ 动词性短语 $_1$ + 又 + 动词 $_2$/ 动词性短语 $_2$

例句
- 她高兴得又唱又跳。
- 他又学习汉语又学习英语，对语言非常感兴趣。

✏️ **练一练**　用"又……又……"及所给词语完成句子。

Complete the sentences with "又……又……" and the words provided.

① 那家超市的水果_____，我们去那儿买吧。（新鲜　便宜）

② 你看外面_____，别出去了。（刮风　下雨）

49 越……越……

📢 **解释**　表示后一情况的程度随着前一情况的变化而加深。两个分句的主语可以相同，也可以不同。

"越……越……" means "the more … the more …". The subjects of the two clauses can be the same or different.

| 格式 1 | 主语 + 越 + 动词₁/ 形容词₁ + 越 + 动词₂/ 形容词₂ |

例句
- 汉语越学越有意思。
- 你看他越跑越快。
- 小鸟越飞越高，一会儿就看不见了。

| 格式 2 | 主语₁ + 越 + 动词₁/ 形容词₁，主语₂ + 越 + 动词₂/ 形容词₂ |

例句
- 你每天学习的时间越多，成绩就会越好。
- 我有一条小狗，和它在一起的时间越久，我越觉得它聪明、可爱。

✏️ **练一练**   用"越……越……"及所给词语完成句子。

Complete the sentences with "越……越……" and the words provided.

① 你看，外面的雨＿＿＿＿＿＿＿＿＿＿＿＿，我们还是别出去了。（下　大）

② 你＿＿＿＿＿＿＿＿＿，我＿＿＿＿＿＿＿＿＿，我还是去问老师吧。（说　明白）

50　越来越

📢 **解释**   表示程度随着时间的推移而加深。

"越来越" means "more and more". It is used to say that the degree deepens as time goes on.

格式　主语 + 越来越 + 形容词 / 动词 / 动词性短语

💬 **例句**

- 天气越来越热，夏天真的来了。
- 过去人们喜欢看报纸，现在的人越来越喜欢在网上看新闻。

⚠️ **注意**

"越来越"本身表示程度，所以形容词或动词前不能再出现别的程度副词。

"越来越" itself conveys the meaning of degree, therefore, adverbs of degree should not appear before adjectives or verbs.

例
- 天气越来越热了。（✓）
- 天气越来越很热了。（✕）

练一练　用"越来越"及所给词语完成句子。

Complete the sentences with "越来越" and the words provided.

① 冬天来了，天气＿＿＿＿＿＿＿＿＿＿。（冷）
② 来北京两年了，我对这里的天气＿＿＿＿＿＿＿＿＿，了。（习惯）

51　在……下

 解释　表示促使事情发生或情况变化的条件。

"在……下" is used to show the conditions under which something happens or changes.

例句

- 在他的帮助下，我们解决了这个问题。
- 在老师的关心下，小南的成绩有了很大提高。

练一练　用"在……下"及所给词语完成句子。

Complete the sentences with "在……下" and the words provided.

① ＿＿＿＿＿＿＿，他的病很快就好了。（家人的照顾）
② ＿＿＿＿＿＿＿，我对历史很有兴趣，看过很多历史书，知道不少历史故事。（叔叔的影响）

HSK3 级
练习参考答案

1 刚才
① 天气刚才还很好，突然就下起雨来了。
② 不好意思，我刚才在洗澡。

2 以前
① 我胖了，以前的衣服都不能穿了。
② 解决问题以前，必须先发现问题是什么。只有先找到问题，然后才能解决问题。

3 应该 1、2
① 妹妹的孩子今年七岁，应该上一年级了。
② 没想到外面这么冷，我应该穿大衣。
① 我这次花了很多时间准备，应该考得不错。
② 没关系，我应该是感冒了，已经吃药了。

4 离合词
① 我觉得李阿姨一定可以帮我们的忙。
② 这个男人结过三次婚。

5 动词重叠：AAB
① 好久不见了，周末我们出来见见面吧。
② 不一定，有时出去玩，有时和朋友聊聊天儿。

6 怎么 2
① 我不怎么喜欢运动，所以很少去体育馆。
② 这次考试他没怎么准备，所以考得不好。

7 疑问代词虚指
① 哪儿　　② 谁　　③ 什么

8 疑问代词任指
① 谁／哪儿　　② 什么　　③ 谁

9 突然
① 雨下得真突然。　　② 天气突然变冷了。

10 形容词重叠：AABB
① 他把这些字写得清清楚楚的。
② 快考试了，他每天都去图书馆认认真真地复习。

11 一会儿 1、2
① 跑了一个小时，有点儿累了，我们休息一会儿吧。
② 你们等我一会儿，我很快就到。

① 你一会儿去做什么？
② 你等一等，他一会儿就来。

12 才 1、2
① 就　　　　　② 才

① 两百块　　　② 四十岁　　　③ 一个月

13 更
① 我觉得红色的更漂亮。② 我更想去喝茶。

14 还是 1、2
① 我的牙还是很疼，中午吃的药没什么作用。
② 没什么好看的，我还是看我的书吧。

15 马上
① B　　　　　② A

16 一直 1、2
① 你一直向北走就能看到了。
② 医生，我的左腿最近一直很疼。

17 又
① 又　　　　　② 再

18 只 1、2
① 对不起，这本书不能借出去，只能在这儿看。
② 她早饭一般吃得很简单，只吃一个鸡蛋，喝一杯牛奶。

19 除了 1、2
① 除了马明（以外），其他同学都参加考试了。
② 在中国，除了春节（以外），中秋节也是很重要的一个节日。

20 根据
① 我们要根据自己的兴趣找工作。
② 根据公司的要求，我必须去国外工作一年。

21 关于
① 我想买一些关于中国文化的书。
② 关于我们结婚的事情，我的家人已经同意了。

22 为了
① 为了学好汉语，她每天都跟中国朋友练习口语。
② 为了健康，我们每年都应该去医院做一次身体检查。

23 向 1、2	① ✗	② ✓

24 还是 3	① 你<u>喜欢唱歌还是跳舞</u>？	
	② 明天是<u>晴天还是阴天</u>？	

25 或者	① 或者	② 还是

26 地	① 得	② 地

27 着 3、4	① ✗	② ✓

28 "把"字句	① 我们终于把教室打扫干净了。	
	② 请帮我把杯子放到桌子上。	

29 被动句：被	① ✓	② ✗

30 比较句： ……跟……一样	① 李明跟我一样喜欢踢足球。／我跟李明一样喜欢踢足球。	
	② 弟弟喜欢的运动跟我不一样。／我喜欢的运动跟弟弟不一样。	

31 比较句： ……像……一样	① 刚到中国的时候，邻居李阿姨非常照顾我、关心我，<u>像妈妈一样</u>。	
	② 她小时候<u>像男孩子一样</u>，喜欢运动，喜欢玩电子游戏，我几乎没见她穿过裙子。	

32 疑问句： 选择问句	① 你想吃米饭还是面条？	
	② 你想走楼梯还是坐电梯？	

33 疑问句： 反问句	① <u>你的眼镜不是在桌上吗</u>？	
	② <u>这个电影你不是已经看过了吗</u>？	
	① <u>谁知道他去哪儿了</u>？我今天一天都没看见他。	
	② <u>便宜什么啊</u>？太贵了！	

34 感叹句：多（么）……啊！

① 今天的天气<u>多（么）</u>好<u>啊</u>！
② 爸爸和妈妈<u>多（么）</u>爱他们的女儿<u>啊</u>！

35 趋向补语：复合趋向补语

① 我们一起把<u>箱子搬上去</u>吧。
② 服务员，请<u>把菜单拿过来</u>，我们再点两个菜。

36 趋向补语：复合趋向补语的引申用法

① 出来　　　　　② 起来／上去
③ 下去　　　　　④ 起来

37 并列关系：一边……，一边……

① 她跟我一样，都喜欢<u>（一）边跑步（，一）边听音乐</u>。
② 她喜欢和朋友<u>（一）边喝咖啡（，一）边聊天儿</u>。

38 承接关系：先……，然后／再……

① 好的，我<u>先看一下菜单，一会儿再叫你</u>。
② 我也不认识，我<u>先查一下字典，然后再告诉你</u>。

39 承接关系：一……，就……

① 我昨天非常累，<u>一回家就睡觉了</u>。
② 这个题其实很简单，我<u>一说你就明白了</u>。

40 递进关系：不但……，而且……

① 她<u>不但喜欢跳舞，而且跳得很好</u>。
② <u>不但她喜欢玩电脑游戏，而且她弟弟也喜欢玩电脑游戏</u>。

41 选择关系：不是……，就是……

① <u>我不是星期六就是星期天去北京</u>。
② 我还没想好，<u>不是看电影就是打篮球</u>。

42 转折关系：……，就是……

① 是挺好的，<u>就是有点儿热</u>。
② 没什么，<u>就是有点儿累</u>，休息一会儿就好了。

43 假设关系：如果……，就……

① 如果你喜欢这件衣服，<u>就买吧</u>。
② 如果明天天气不错，<u>我们就去爬山吧</u>。

44 条件关系： 只有……， 才……	① 只有爸爸、妈妈同意，我才能和你结婚。 ② 只有多说，才能提高你的口语水平。 ③ 只有这样做，才能解决他们的问题。
45 对……来说	① 对小张来说，工作和家人都很重要。 ② 对中国人来说，春节是一年中最重要的节日。
46 拿……来说	① 现在越来越多的人喜欢在电脑上看新闻，拿我爸爸来说，他已经好几年没买过报纸了。 ② 多吃水果对身体好，拿小王来说，她每天都要吃一个苹果。
47 一……也/ 都＋不/没	① ✓　　　　　　② ✗
48 又…… 又……	① 那家超市的水果又新鲜又便宜，我们去那儿买吧。 ② 你看外面又刮风又下雨的，别出去了。
49 越…… 越……	① 你看，外面的雨越下越大，我们还是别出去了。 ② 你越说，我越不明白，我还是去问老师吧。
50 越来越	① 冬天来了，天气越来越冷了。 ② 来北京两年了，我对这里的天气越来越习惯了。
51 在……下	① 在家人的照顾下，他的病很快就好了。 ② 在叔叔的影响下，我对历史很有兴趣，看过很多历史书，知道不少历史故事。

HSK **4** 级

1 方面

 解释

名词，表示人、事物在一个范围内相对或并列的部分。

noun "方面" means opposite or juxtaposed parts of someone or something.

例句

- 我觉得他各方面都很优秀。
- 在中国留学的一年使他在研究方面有了很多新的想法。
- 人与人之间需要交流。在交流过程中，一方面，人们可以丰富知识，提高能力；另一方面，人们之间的距离也可以变近。

练一练

看图片，用"一方面……，另一方面……"回答问题。
Look at the picture, and answer the question with "一方面……，另一方面……".

随便丢在海边的垃圾，会引起海洋生物大量死亡。面对这种情况，我们应该怎么做？

_____

_____

_____

2　同时

解释

时间名词，表示动作行为在同一时间发生，常用于"在……的同时"结构。

noun of time "同时" indicates the actions take place at the same time. It is often used in "在……同时" structure.

例句

- 母女俩同时走出家门，走向社会。
- 顾客购物，在关心价格的同时更关心质量。

练一练

模仿造句。

Look at the example sentences, and complete the following sentences.

① 哥哥和弟弟同时考上了大学。

　　姐姐和妹妹同时＿＿＿＿＿＿＿＿＿＿＿。（来　北京）

② 在吃药的同时也要注意休息。

　　在＿＿＿＿＿的同时也要＿＿＿＿＿。（工作　身体）

✚ 扩展

"同时"还可用作连词，表示进一层。前面的小句中可以用"不但"，常和"也 / 又 / 还"连用。

"同时" can also be used as a conjunction, meaning "and". The first clause can have a "不但", and it is often used together with "也 / 又 / 还".

格式	同时 + 也 / 又 / 还

例　■ 母亲，不但给你爱的阳光，同时也给你自由。
　　■ 看到这封信，我很吃惊，同时又被深深地感动。

3 其中

解释　方位名词，意思是"那里面"，指处所、范围。

noun of location　"其中" means "within; in it". It is used to refer to a location or a scope.

例句
- 生活是自己在过，其中的酸甜苦辣也只有自己知道。
- 通过现在的工作，她的能力得到了证明，她忙在其中，也乐在其中。

练一练　模仿造句。

Look at the example sentence, and complete the following sentences.

这本书专门介绍名胜古迹，其中介绍长城的那一篇写得特别详细。

① 我有很多爱好，_____。（看书）

② 云南的美食太丰富了，_____。（小吃）

4 左右

解释　方位名词，用于数量，表示比某一数量稍多或稍少。

noun of location　"左右" is used after numbers to mean slightly more or less than a certain amount.

格式	数量 + 左右

- 我在网上给你买了几本书，估计三天左右就能到。
- 花三百元左右游览一个城市，可能吗？

✏️ **练一练**　用"左右"改写句子。
Paraphrase the sentences with "左右".

① 老师说，这次考试大概有一半的人没有通过。

_____

② 走过去差不多要半个小时，我们还是坐车吧。

_____

✚ **扩展**

1. "左右"还可以用于空间，指事物的左边和右边，可以单用。
"左右" can also be used to refer to the space, meaning the left or right of something. It can be used alone.

例 ▪ 这是南京市有名的商业区，（大街）左右全是各种商店。
　　▪ 他性格很好，刚搬到这里几天，左右邻居都认识了。

2. "左"和"右"也可以分开连用，指动作多次重复。
"左" and "右" can be used separately to refer to an action is repeated.

例 ▪ 这里的衣服每件都漂亮，我左看右看，越看越喜欢。
　　▪ 左一个电话右一个电话，都是叫他回家。

5　来不及

📢 **解释**　动词，表示因时间特别短，无法顾到或赶上。后面只能带动词。
verb　"来不及" means there is not enough time to do something. It can only be followed by verbs.

- 人的一生总有遗憾，总有许多愿望来不及完成。
- 以后别抽烟了，等身体出现问题了，你后悔就来不及了。

 练一练　用"来不及"改写句子。

Paraphrase the sentences with "来不及".

① 时间太晚了，没有时间通知他了。

② 电影七点开始，六点出发恐怕赶不上电影开始吧！

6 以为

解释　动词，对人或事物做出判断。用"以为"做出的论断往往不符合事实，常用另一小句指明真相。

verb　"以为" is used to make judgements about someone or something. The conclusion after "以为" is often not true, so there is usually another clause to tell the truth.

例句

- 我以为是对的，结果还是错了。
- 人们总以为自己眼睛看到的才是真的，事实上，自己的眼睛也会"骗人"。

比一比　以为、认为

"以为"和"认为"都表示做出判断。"以为"的语气较轻，多用于与事实不符的论断；"认为"一般用于正面的论断。"认为"前面通常用"被"，"以为"前面只能用"让"。

Both are used to indicate judgements. "以为" conveys a lighter tone, and is usually used to indicate judgements that are not true; "认为" is usually used to express positive opinions. "认为" is often used after "被", while "以为" can only be used after "让".

例 ■ 游泳被当地孩子们认为是一项必不可少的运动。(√)
   ■ 游泳被当地孩子们以为是一项必不可少的运动。(×)
   ■ 你的态度让别人认为你不同意这样办。（×）
   ■ 你的态度让别人以为你不同意这样办。（√）

🖊 练一练   选词填空。
Fill in the blanks with the correct words.

① 他本_____任务能顺利完成，没想到事情的发展正好相反。（以为　认为）
② 我_____今天能顺利解决，但是情况比我想的复杂得多。（以为　认为）

7 得（děi）

🔊 解释   能愿动词，表示情理上、事实上或意志上的需要，不能单独回答问题，常用于口语。

auxiliary verb "得" means "need; should; must". It cannot be used alone to answer questions, and is often used in oral Chinese.

例句
■ 这么晚才回去，妈又得说你了。
■ 那条裙子得用手洗，我一会儿自己洗。

练一练　用"得"改写句子。

Paraphrase the sentences with "得".

① 北京到海南没有火车，需要坐飞机。

_____

② 我突然想起来必须要先去趟银行。

_____

✚ **扩展**

"得"作为能愿动词，还可以表示估计一定要这样。

As an auxiliary verb, "得" also conveys the meaning of "probably need".

格式	得 + 数量词 / 小句

例　▪ 蛋糕大概还得二十分钟。
　　▪ 这次旅行大概得四月底才能走。

8 咱们

🔊 **解释**　人称代词，称说话人和听话人双方，常用于口语。

personal pronoun　"咱们" is often used in oral Chinese to refer to "we" or "us", including both the person speaking and the person(s) spoken to.

　　▪ 点这么多菜，咱们俩吃不了。
　　▪ 咱们提前点儿吧，还得负责打印会议材料呢。

比一比　咱们、我们

"咱们"和"我们"都是第一人称，"咱们"常用在口语中。
当话题包括说话人和听话人时，用"我们""咱们"都可以。
当话题不包括听话人时，用"我们"。

"咱们" and "我们" both refer to first persons, and "咱们" is often used in oral Chinese. When the topic includes both the person speaking and the person(s) spoken to, both are okay; when the topic does not include the person(s) spoken to, "我们" can be used only.

例
- 那个饭店太远了，咱们／我们就在附近吃吧。（✓）
- 我们通过考试了，你呢？（✓）
- 咱们通过考试了，你呢？（×）

练一练　选词填空。

Fill in the blanks with the correct words.

① 我不是很饿，＿＿＿＿＿＿随便吃点儿就可以。（咱们　我们）

② 这个地方真大啊，你们累了就先回去，＿＿＿＿＿＿想再去那边逛逛。（咱们　我们）

✚ 扩展

"咱们"还可以指"你"或"你们"，比"你"或"你们"亲切。

"咱们" can also refer to "you". It is more cordial than "你" or "你们".

例
- 请问，咱们这儿能打印吗？
- 孩子，这可是咱们的新玩具，要爱惜。

9 另

 解释　指示代词，指上文所说之外的人或事，常有分情况解释或说明的意思。

demonstrative pronoun "另" is used to indicate people or things apart from what is mentioned above. It is often used to refer to or explain different sides of a thing.

格式	另 + 数量词 + 名词

 例句

- 我半路上跟另一辆车撞了，刚才把车送去修了。
- 有些人会因为听到了真话而感到高兴，而另一些人却会认为是批评而十分难受。

提示 ▶ "另""另外"的区别见第 167 页。

练一练　改错。

Correct the sentences.

① 住的地方有两个，一个在楼上，另在楼下。

② 他最近特别忙。一方面他要准备成绩证明、办护照和签证，另方面还要跟国外的大学联系。

✚ **扩展**

"另"还可以做副词，表示在上文所说的范围之外。

"另" can also be an adverb, meaning beyond the scope mentioned above.

例
- 今天没有时间，我们另找时间见面吧。
- 穿这件衬衫没问题，但是裤子要另换一条。

10 另外

 解释　指示代词，指上文所说之外的人或事。

demonstrative pronoun "另外" indicates people or things apart from what is mentioned above.

格式　另外 +（的）+ 名词 / 数量词

例句

- 你们几个先坐车走，另外的人坐船走。
- 他来的时候两只手都提着东西：一只手提着鸡鸭，另外一只手提着糕点。

比一比　另、另外

1. 两者都可以用作代词，表示上文所说范围以外的人或事。用"另外"的句子中可以加"的"，也可以不加；而用"另"的句子中不加"的"。

Both can be used as pronouns to refer to people or things apart from what is mentioned above. "的" can be omitted in the sentences using "另外"; while in sentences using "另", "的" cannot be used.

例

- 这儿经常堵车，我们走另外一条路吧。（√）
- 这儿经常堵车，我们走另外的一条路吧。（√）
- 这儿经常堵车，我们走另一条路吧。（√）
- 这儿经常堵车，我们走另的一条路吧。（×）

2. 两者都可以用作副词，表示在上文所说的范围以外，但"另"常修饰单音节动词，"另外"没这个限制。

Both can be used as adverbs to mean beyond the scope mentioned above. "另" is usually used to modify single-syllable verbs, while "另外" can be used more freely.

例　• 这儿的菜已经吃腻了，咱们另换一家吧。（√）
　　• 这儿的菜已经吃腻了，咱们另外换一家吧。（√）
　　• 除了旅行，他另还安排了别的事情。（×）
　　• 除了旅行，他另外还安排了别的事情。（√）

3. "另外"还可以用作连词，表示除此以外，"另"没有这个用法。
"另外" can also be a conjunction, meaning "in addition". "另" cannot be used this way.

例　感冒了要注意休息，另外，多喝水。

✎ **练一练**　选择题（可多选）。
Fill in the blanks with the correct choice(s).

① 总经理去_____的几个分公司看了看。
　A 另　　　　　　B 另外　　　　　　C 别的
② 这种饺子馅儿你不喜欢，我_____包一些吧。
　A 另　　　　　　B 另外　　　　　　C 别的
③ 你去通知老王，明天来开会。_____，你顺便叫小张来我这里一趟。
　A 另　　　　　　B 另外　　　　　　C 别的

11　及时 1

🔊 **解释**　形容词，表示正赶上时候，正适合需要。
adjective　"及时" means "timely". It indicates someone or something comes at the right time.

例句
- 这真是一场及时雨！
- 病人送来得比较及时，现在已经没有生命危险了。

比一比　按时、及时

"按时"是副词，强调按照规定或约定的时间完成。"及时"是形容词，强调正赶上时候或正适合需要。

"按时" is an adverb, which emphasizes that something is completed according to the time planned. "及时" is an adjective, which emphasizes that someone or something shows up exactly when needed.

例
- 飞机按时到达首都机场。
- 我们每天按时上下班。
- 他来得很及时。
- 发现问题要及时解决。

"按时"和"及时"的词语搭配：

	很~	~起床	~睡觉	~吃饭	~上课	来得~	去得~	下得~	开得~
按时	×	√	√	√	√	×	×	×	×
及时	√	×	×	×	×	√	√	√	√

练一练　选词填空。

Fill in the blanks with the correct words.

① 对记者来说，获得＿＿＿＿＿＿＿＿、准确的消息极其重要。（及时　按时）

② 她在比赛中取得了第一的好成绩，是因为复习得很＿＿＿＿＿＿＿＿。（及时　按时）

12 遍

解释 动量词，一个或一套动作行为从开始到结束的整个过程为"一遍"。
verbal measure word "一遍" is used to refer to the whole process of an action from its beginning to its end.

例句
- 这个老电影我不知看了多少遍，遍遍感动。
- 为了明天的比赛，她又读了三遍《寄小读者》。

 练一练   选词填空。
Fill in the blanks with the correct words.

① 请把课文从头到尾念两_____。（遍　场）
② 我再检查一_____，就可以交了。（遍　趟）

13 场

解释 动量词，完整地进行一次为"一场"，多用于文艺表演或体育活动。
verbal measure word "一场" refers to the whole process of doing something, and is often used to modify variety shows or sports games.

例句
- 今年的世界杯足球赛，场场都精彩。
- 上午八点在学校体育馆有一场招聘会。

✎ **练一练**　选词填空。

Fill in the blanks with the correct words.

① 今天上午我看了一＿＿＿＿＿电影。（场　趟）

② 听到这个坏消息，王小帅大哭了一＿＿＿＿＿。（场　遍）

14 趟

📢 **解释**　动量词，一去一回为 "一趟"。

verbal measure word "一趟" means the whole process of going to and returning from a place.

例句
- 去年我去了一趟欧洲。
- 这个村的居民，一年也难得进一趟城。

✎ **练一练**　看图片，用 "趟" 完成句子。

Look at the pictures, and complete the sentences with "趟".

① 这个假期，她＿＿＿＿＿

＿＿＿＿＿＿＿＿＿＿＿。

② 我肚子有点儿不舒服，得

＿＿＿＿＿＿＿＿＿＿＿。

15 倍

📢 **解释**　表示倍数，后边一般不跟名词。

"倍" means "time; fold". It is often not followed by nouns.

例句

- 三的两倍是六。
- 她的水平比我不知高出多少倍。

练一练　根据图表完成句子。

Complete the sentences according to the chart.

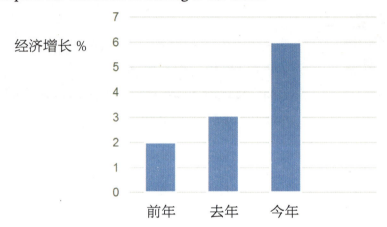

经济增长 %

① 今年经济增长的速度是前年的_____。（倍）
② 今年经济增长的速度比去年快_____。（倍）

16　按时

解释　副词，指按照约定或规定的时间去做某事。

adverb　"按时" means to do something on time as requested.

例句

- 我保证按时完成任务。
- 借图书馆的书，一定要按时归还。

提示 ▶　"按时""及时"的区别见第 169 页。

✎　**练一练**　选词填空。

Fill in the blanks with the correct words.

① 正确的减肥方法是_____吃饭，多吃蔬菜和水果，增加运动量。（按时　及时）

② 医生说要_____吃药，好好休息。（按时　及时）

17 本来

📢　**解释**　副词，表示原先、以前。

adverb　"本来" means "originally; at first; in the past".

例句

- 他们几个本来就是一个学校的。
- 我本来已经打算放弃了，可是他的话让我改变了主意。
- 她本来只是抱着试一试的态度去参加比赛，没想到竟然得了第一名。

比一比　本来、原来

1. 两者都可做副词，表示现在的情况和以前不一样。

Both can be adverbs, indicating the difference between current and previous situations.

例　还有半小时就到了，我本来 / 原来以为还得一个小时呢。

2. "原来" 做副词可以表示发现了以前不知道的情况，"本来" 做副词可以表示按道理应该是这样。

"原来" as an adverb indicates things that are not known before; "本来" as an adverb indicates the way in which things should have been done.

例　▪ 我还以为是谁帮我收拾房间呢，原来是你啊！

　　▪ 这本词典本来应该昨天还给你的，真不好意思。

3. 两者都可做形容词，表示以前的、没有改变的情况。
Both can be adjectives, indicating original or previously planned situations.

例　▪ 十年之后，谁还记得你本来的样子？

　　▪ 十年之后，谁还记得你原来的样子？

　　▪ 我本来的打算是先去旅行，没想到公司要加班。

　　▪ 我原来的打算是先去旅行，没想到公司要加班。

练一练　选词填空。

Fill in the blanks with the correct words.

① 这个消息＿＿＿＿＿＿应该早点儿告诉你的。（本来　原来）

② 明天还要上课，＿＿＿＿＿＿就没有时间去旅行。（本来　原来）

扩展

"本来"还可以表示按照道理就是这样。

"本来" can also mean "in the first place; naturally; it goes without saying".

格式	本来 + 就 / 该 / 应该

例　▪ 她的病没好，本来就不能去。

　　▪ 真抱歉，本来我该去火车站接你的。

　　▪ 我本来就没有名，穿得再漂亮也没有人会认识。

18 并 1

解释

副词，用在否定词前面，强调否定。

adverb "并" is put before negative forms, and is used to emphasize the negative mood of the sentence.

> **格式** 并 + 不 / 没（有）

例句

- 通过调查发现，很多考虑减肥的女人，实际上并不胖。
- 第一印象并不总是正确的，但改变起来却很困难。

练一练

模仿造句。

Look at the example sentence, and complete the following sentences.

养成一个好习惯并没有我们想得那么难。

① 幸福是什么？很多人并＿＿＿＿＿＿＿＿。（清楚）
② 其实，眼睛也可能会骗人，你看到的并＿＿＿＿＿＿＿。（真的）

19 不过

解释

副词，意思是"仅仅"，指明范围，把事情往小里或轻里说，不能用在主语前。

adverb "不过" means "only; merely", indicating the scope of something. It is used to downplay something, and cannot be used before a subject.

例句

- 对中国人来说，使用筷子实在是再熟悉不过的事了。
- 相距几千公里的国家，以前坐船需要几个月，现在乘坐飞机不过十几个小时。

🖊 **练一练**   用"不过"改写句子。
Paraphrase the sentences with "不过".

① 你太客气了，我只是给了些意见，这一切都是你自己辛苦努力的结果。

_____

② 他学汉语只有两个月的时间，已经可以说得很好了。

_____

20 从来

📢 **解释**   副词，表示从过去到现在都是这样，后边常常用否定形式。
adverb   "从来" means at no time in the past or in the future. It is often followed by negative forms.

> | 格式 | 从来 + 不 / 没（有） |
> |---|---|

🗨 **例句**
- 他从来不主动和别人说话。
- 现在很多人做事情的时候只是想着结果，从来都不关心过程。
- 爷爷非常喜欢学校里的这份工作，因此从来没考虑过换工作。

🖊 **练一练**   用"从来"及所给词语完成句子。
Complete the sentences with "从来" and the words provided.

① 选择教汉语这份工作，他＿＿＿＿＿＿＿。（后悔）
② 她很诚实，＿＿＿＿＿＿＿。（假话）

21　刚

 解释　副词，表示发生在不久前。

adverb　"刚" means "just now; recently".

例句
- 那位律师研究生刚毕业。
- 刚认识的朋友，我不太了解。

比一比　刚、刚才

1. 两者都表示行动、情况发生在不久前，做状语。"刚"是副词，只能放在主语后、动词前；而"刚才"是时间名词，可以用在主语前，也可以用在主语后。

Both can be used as adverbial modifiers to indicate that things happened not very long ago. "刚" is an adverb and can only be used after subjects and before verbs. "刚才" is a noun of time, and can be used before or after subjects.

例
- 我刚看电视上说今天有大雨，咱们改天再去森林公园吧。（✓）
- 刚我看电视上说今天有大雨，咱们改天再去森林公园吧。（✗）
- 我刚才看电视上说今天有大雨，咱们改天再去森林公园吧。（✓）
- 刚才我看电视上说今天有大雨，咱们改天再去森林公园吧。（✓）

2. "刚"前面可以有表示时间的词语，"刚才"不行。

"刚" can be after words or phrases that indicate time, while "刚才" cannot.

例
- 我上个月刚去过云南。（✓）
- 我上个月刚才去过云南。（✗）

3. 用"刚"的句子，动词后可以有表示时量的词语，"刚才"不行。

In sentences with "刚", verbs can be followed by words or phrases that indicate time or quantity, while "刚才" cannot.

例　▪ 他刚走了两天你就来了。（✓）
　　▪ 他刚才走了两天你就来了。（×）

4. "刚才"后可以用否定词，"刚"不行。

"刚才" can be followed by negative forms, while "刚" cannot.

例　▪ 你为什么刚才不说，现在才说？（✓）
　　▪ 你为什么刚不说，现在才说？（×）

✎ **练一练**　选词填空。

Complete the sentences with the correct words.

① 我是南方人，＿＿＿＿＿＿＿＿到北方时，非常不适应那里的气候。（刚　刚才）

② 小李，＿＿＿＿＿＿＿＿跟你说话的那个女孩儿是谁呀？（刚　刚才）

✚ **扩展**

1. "刚"还可以指时间、空间、数量等正好在那一点上，有不早不晚、不前不后、不多不少的意思。

"刚" can also be used to indicate a point where time, space or quantity is perfectly fine.

格式	刚 + 动词 / 形容词 / 数量词

例　▪ 小张来得不早不晚，刚好。
　　▪ 行李刚二十公斤，不超重。

2. "刚" 还可以表示勉强达到某种程度。

"刚" can also indicate that something reaches a level narrowly.

例　▪ 他长得又高又大，他的女朋友刚到他的肩膀。

　　▪ 这次考试小李考了 60 分，刚及格。

22 及时 2

🔊 **解释**　副词，表示不拖延、马上、立刻。

adverb　"及时" means "promptly; immediately; without delay".

例句
▪ 医生提醒人们，如果不舒服，要及时去医院。
▪ 因为有大家的支持，问题才能及时解决。

✏️ **练一练**　选词填空。

Fill in the blanks with the correct words.

① 对记者来说，＿＿＿＿＿＿＿＿＿＿获得准确的消息极
　其重要。（及时　按时）

② 只要能发现自己的缺点并＿＿＿＿＿＿＿＿＿＿去改，
　就可以变得越来越优秀。（及时　按时）

23 竟然

🔊 **解释**　副词，表示意外、没想到。

adverb　"竟然" means "surprisingly; unexpectedly".

格式　竟然 + 动词 / 形容词 / 动词性短语 / 形容词性短语

例句

- 这样的要求，他竟然答应了。
- 它们在无人的草原上奔跑，速度竟然快得惊人。

✎ 练一练　给括号中的词语选择适当的位置。

Choose the correct place for the words in the brackets.

① ＿A＿这本小说＿B＿你都＿C＿看了俩月了，＿D＿还没有看完？
（竟然）

② ＿A＿没想到＿B＿她＿C＿是一位在校大学生，＿D＿真让人羡慕。
（竟然）

24 恐怕

📢 解释　副词，表示估计和担心。

adverb　"恐怕" is used to indicate an estimation and anxiety.

例句

- 都九点多了，赶十点的飞机恐怕来不及了。
- 这个会议室太小，座位不够，恐怕得换个大一点儿的。

✎ 练一练　给括号中的词语选择适当的位置。

Choose the correct place for the words in the brackets.

① ＿A＿下星期＿B＿首都体育馆＿C＿有场演唱会，票＿D＿很难买
到吧？（恐怕）

② ＿A＿天气预报＿B＿说明天要下雨，＿C＿不能＿D＿去爬山了。
（恐怕）

✚ 扩展

"恐怕" 还可以表示估计、推测，有 "大概、也许" 的意思，后
面常用数量词。

"恐怕" can also be used to indicate an estimation or speculation, meaning "perhaps; probably". It is often followed by quantifiers.

例   ▪ 他走了恐怕有二十天了。
     ▪ 车门坏了，去修的话，恐怕需要一千多块钱。

25 千万

🔊 **解释**

副词，意思是"一定"。用于祈使句中表达建议等，后面常连接否定词。

adverb   "千万" means "must". It is used in imperative sentences to show suggestions, and is usually followed by negative forms.

例句

▪ 明天的面试很重要，你千万不能大意。
▪ 这个箱子里都是杯子，你搬的时候小心点儿，千万别打破了。

✏️ **练一练**

给括号中的词语选择恰当的位置。
Choose the correct place for the words in the brackets.

① 这个路口 __A__ 没有红绿灯， __B__ 过马路 __C__ 要 __D__ 小心。
　（千万）
② 问题越是复杂， __A__ 你越 __B__ 要 __C__ 冷静， __D__ 别着急。
　（千万）

26 全

🔊 **解释**

副词，表示所有部分都包括在内。
adverb   "全" indicates encompassing every single part of something.

例句
- 东西全都搬上来了。
- 我们的任务已经按计划全都完成了。

比一比　全部、全

1. "全部"是名词，表示各个部分的总和、整个。

"全部" is a noun, meaning "the whole".

例
- 你了解的并不是全部，只是一部分。（✓）
- 你了解的并不是全，只是一部分。（×）

2. "全"可以做形容词，表示完备、齐全。

"全" can be an adjective, meaning "complete; whole".

例
- 这房子家具全，什么都有，值得考虑。（✓）
- 这房子家具全部，什么都有，值得考虑。（×）

练一练　选词填空。

Fill in the blanks with the correct words.

① 他把旅行的＿＿＿＿＿计划都解释了一遍。（全　全部）

② 你了解得很＿＿＿＿＿，我们还需要继续努力。（全　全部）

27 却

解释　副词，表示转折，意思较轻。

adverb　"却" is used to show a slight turn.

例句
- 他一时激动，想说什么却说不出来。
- 搬家时，我发现了很多以前买的却一次也没用过的东西。

| 格式 1 | 却 + 偏 / 偏偏 / 反而 / 反倒 |

例句

- 明明是他不对，他却偏不认错。
- 大家都夸她热情开朗，她却反倒不好意思了。

| 格式 2 | 虽然 / 尽管……，……却…… |

例句

- 我虽然学了三年汉语，听新闻却有困难。
- 一个脾气不好的人虽然不一定让人讨厌，却很难跟人交朋友。

| 格式 3 | 但 / 但是 + 却 |

例句

- 这家公司人不多，但却个个能干。
- 对成功的人，很多人只知道羡慕，但是却不知道他们成功的原因。

练一练　用"却"及所给词语完成句子。

Complete the sentences with "却" and the words provided.

① 老周家住得远，＿＿＿＿＿＿＿＿＿＿＿＿。（先到）
② 尽管想了很多办法，＿＿＿＿＿＿＿＿＿＿＿。（见效）

28 是否

 解释　副词，意思是"是不是"，一般用于书面语。用于问句时，句尾可以用"呢"。

adverb   "是否" is often used in written Chinese to mean "whether or not". When it is used in an interrogative sentence, "呢" can be added to the end of the sentence.

例句

- 我不知道他是否同意我们的观点。
- 这次聚会，你是否也来参加呢？

⚠️ **注意**

"是不是"后可带名词性成分，"是否"不行。

"是不是" can be followed by noun phrases, while "是否" cannot.

例　- 你看前边的人是不是他？（✓）
- 你看前边的人是否他？（×）

 练一练　用"是否"改写句子。

Paraphrase the sentences with "是否".

① 这个意见是不是正确，还需要证实。

② 我们现在需要冷静地考虑一下未来的发展方向，是不是呢？

29 挺

解释　副词，表示程度相当高，但比"很"的程度低，用于口语。"挺"常和"的"或"地"一起使用。

adverb   "挺" is used in oral Chinese to show a degree slightly lower than "很". It is often used with "的" or "地".

 例句

- 您是要参加招聘会吗？这件衣服就挺合适的，很正式。
- 小妹挺不高兴地看着妈妈。

✏️ **练一练**　看图片，用"挺"完成对话。
Look at the pictures, and complete the dialogues with "挺".

A：面条好吃吗？

B：_____。

A：你决定要吃这个蛋糕了吗？

B：_____。

30 往往

📢 **解释**　副词，表示某种情况经常出现。

adverb "往往" means "usually; frequently", indicating some situations happen very often.

💬 **例句**
- 绿色在人们眼中往往代表着生命和希望。
- 阅读考试的分数往往能反映一个国家的教育水平。

比一比　往往、常常

1. "往往"是对于到目前为止出现的情况的总结，有一定的规律性，不用于主观愿望；"常常"单纯指动作的重复，不一定有规律性，可以用于主观意愿。"常常"可以用于将来的事情，"往往"不行。

"往往" indicates the rules or patterns of things which have happened so far; it cannot be used to indicate subjective opinions. "常常" only indicates repetition of actions with or without regularities; it can be used to indicate subjective opinions. "常常" can be used to refer to things in the future, while "往往" cannot.

例　▪ 希望你往往来我家玩。（×）
　　▪ 希望你常常来我家玩。（✓）

2. 用"往往"的句子需要指明与动作有关的情况、条件或结果，"常常"没有这个限制。

In sentences using "往往", conditions or results related to verbs need to be pointed out; while in sentences using "常常", there is no need.

例　▪ 我们常常演出。（✓）
　　▪ 我们往往演出。（×）
　　▪ 每到周末，我们往往会为孩子们演出。（✓）

练一练　改错。

Correct the sentences.

① 她工作努力，往往受到表扬。

_____

② 欢迎你们以后往往光临。

_____

31　尤其

解释　副词，表示更进一步。常常是前一分句提出一个整体情况，后一分句用"尤其"表示在全体中或与其他事物比较时特别突出。

adverb　"尤其" means "especially". It is often used when the first clause comes up with a general condition, and the second one uses "尤其" to show someone or something stands out in a group or in comparison.

格式　……，尤其 + 形容词 / 动词 / 动词性短语

例句

- 这条小狗的眼睛尤其漂亮。
- 现在，网上购物变得越来越流行了，年轻人尤其喜欢。
- 小时候，邻居们都说我长得像我妈，尤其是眼睛和鼻子。

练一练　用"尤其"及所给词语完成句子。

Complete the sentences with "尤其" and the words provided.

① 春节时，最受欢迎的食品是饺子，＿＿＿＿＿＿＿＿＿＿
　　＿＿＿＿＿＿＿＿。（北方）
② 人们很容易被便宜的东西吸引，＿＿＿＿＿＿＿＿＿＿
　　＿＿＿＿＿＿＿＿。（打折）

32　按照

解释　介词，引出规定、条件或标准。

preposition　"按照" means "according to". It is followed by rules, conditions or standards.

例句

- 有不少人都喜欢按照流行的标准来穿衣服、打扮自己。
- 生活总是在不停地变化着，往往不会按照我们的计划来进行。

练一练　给括号中的词语选择适当的位置。

Choose the correct place for the words in the brackets.

① ＿A＿ 这张申请表，你一定要 ＿B＿ 要求 ＿C＿ 认真 ＿D＿ 填写。
（按照）

② 请 ＿A＿ 把 ＿B＿ 这些报纸 ＿C＿ 时间顺序 ＿D＿ 排好。（按照）

33 对于

 解释　介词，表示某种态度或情况所涉及的对象，可以用在主语前或主语后。

preposition "对于" is used to introduce the object of an attitude or a situation, and it can be used before or after the subject.

格式	对于 + 名词 / 动词 / 名词性短语 / 动词性短语

例句

- 对于这个消息，我觉得很突然。
- 对于生活困难的人，社会要热心帮助他们。

比一比　对于、关于

1. 两者都是介词，但意思不一样。"对于"着重指出对象，这个对象常是动词的受动者，或者某种情况涉及的事物；"关于"着重指出范围，介绍出所关系到的事物。

Both can be prepositions. "对于" emphasizes the objects, which are usually the receiver of the verbs or things that are related to the situations mentioned. "关于" emphasizes the scope or range, indicating all the things that are related.

例
- 对于这次旅行计划，她觉得很满意。
- 关于这次旅行计划，大家都没什么好主意。

2. 做状语时，"对于"可以放在主语前或主语后，"关于"只能放在主语前。

When used as an adverbial modifier, "对于" can be before or after the subject, while "关于" can only be before the subject.

例　■ 全社会对于生活困难的人,要热情地提供帮助。(✓)

　　■ 对于生活困难的人,全社会要热情地提供帮助。(✓)

　　■ 关于什么是快乐，人们有不同的看法。（✓）

　　■ 人们关于什么是快乐，有不同的看法。（×）

练一练　选词填空。

Fill in the blanks with the words in the brackets.

① 我读了几本_____环境保护的书。（对于　关于）
② 大家_____怎么安排假期有不同的想法。（对于　关于）

34　随着

解释　介词，表示动作行为或事件发生所依赖的条件，经常用在句首。

preposition "随着" is often used at the beginning of a sentence to introduce the conditions under which an action or something happens.

例句

　　■ 随着科学技术的发展，距离对人与人之间交流的影响越来越小了。

　　■ 女儿小时候性格内向，但随着年龄的增长，她慢慢开朗了一些。

✎ **练一练**　模仿造句。

Look at the example sentence, and complete the following sentences.

随着网络新技术的不断发展，将有更多的新兴产业出现。

① 随着＿＿＿＿＿＿＿＿＿＿发展，将有更多的人＿＿＿＿＿＿

＿＿＿＿＿＿。（经济　环境保护）

② 随着＿＿＿＿＿＿＿＿＿＿进步，将有更多的人＿＿＿＿＿＿

＿＿＿＿＿＿。（时代　旧观念）

35 通过

📢 **解释**　介词，表示把人或事物作为某种手段而达到某种目的。

preposition "通过" indicates a way taken or a method used to achieve certain purpose.

格式	通过 + 名词 / 动词 / 名词性短语 / 动词性短语

例句

- 我们通过翻译人员交谈了半小时。
- 马云是个传奇人物，他通过自己的不断努力，获得了成功。

✎ **练一练**　组句。

Put the words in the correct order to make sentences.

① 通过　努力　她　看法　改变　了　人们　的

＿＿＿＿＿＿＿＿＿＿＿＿＿＿＿＿＿＿＿＿＿＿＿＿＿＿＿＿＿

② 通过　减肥　调查　考虑　发现　我们　过　女性　大部分

＿＿＿＿＿＿＿＿＿＿＿＿＿＿＿＿＿＿＿＿＿＿＿＿＿＿＿＿＿

✚ 扩展

"通过"还有以下用法：

1.动词，表示从某个地方穿过，从一端或一侧到另一端或另一侧。

verb　"通过" as a verb refers to move from one side (or end) of something to the other side of it.

例　▪ 道路在维修，汽车不能通过。
　　▪ 这几天不堵车，我们每次都可以顺利通过那个路口。

2.动词，表示（议案等）经过法定人数的同意而成立。

verb　"通过" as a verb also means "(of a motion, bill, etc) pass; adopt".

例　▪ 这次大会通过了三个标准。
　　▪ 我通过那家公司的面试了。

36　由　1、2、3、4

🔊 **解释 1**　介词，引出原因或来源。

preposition　"由" is used to introduce a reason or source.

例句

▪ 大夫说我的头疼是由感冒引起的。
▪ 我们过什么样的生活是由我们的态度决定的。
▪ "旦"由两部分组成，上面的"日"代表太阳，下面的"一"代表地面。

🔊 **解释 2**　介词，表示起点或经过的路线、场所。

preposition　"由" is used to introduce the beginning of something, a route or place.

例句

- 这次由北京出发，经过西安，最后从南京回家。
- 长江由西而东，经过 11 个省区市，最后流入大海。

解释 3

介词，引出负责做某事的人。

preposition "由" is used to introduce the person who is in charge of something.

例句

- 这次招聘是由你负责吧?
- 我觉得安排得很好，由你来组织我们都很放心。

解释 4

介词，形成固定用法"由此"，指从这里，用于书面语。

preposition "由" is used in "由此", meaning "from here". It is often used in written Chinese.

例句

- 由此可知，不同人的幸福标准是不同的。
- 由此得出结论，学习一种语言不是简单的事情。

练一练

选词填空。

Fill in the blanks with the correct words.

① "幽默"这个词最早是_____林语堂先生翻译过来的。（从　由）

② 会议马上开始了，请_____东门入场。（往　由）

③ 她找了个好丈夫，家里的事都_____他做。（自　由）

④ _____此看来，生命在于运动的说法是有道理的。（从　由）

37 并 2

解释

连词，表示更进一层，后多跟双音节词。

conjunction "并" is used to join two parts, meaning "what's more; and". It is often followed by double-syllable words.

例句

- 成功的人能接受失败，找到失败的原因并继续努力。
- 我们要把这次实践看成是一次学习的机会，并从中积累经验。

练一练

用"并"合并句子。

Combine the sentences into one with "并".

① 这次会议讨论了今年的工作计划。
  这次会议通过了今年的工作计划。

② 即使遇到暂时的失败，他们也会勇敢地接受。
  即使遇到暂时的失败，他们也会总结经验。

38 而 1、2

解释 1

连词，表示并列或互相补充。

conjunction "而" is used to show juxtaposition or complementation.

例句

- 在暖和而湿润的地方，叶子往往长得又宽又厚。
- 月季，四季开花，花朵大而香，受到许多人的喜爱。

练一练　用"而"改写句子。

Paraphrase the sentences with "而".

① 孩子眼中的世界是又美丽又奇特的。

_____

② 年龄越大越喜欢简单的生活、快乐的生活。

_____

解释 2　连词，连接目的、原因等句子成分。

conjunction "而" is used to link sentence elements indicating objectives, reasons, etc.

例句

- 美一直都在，不会因为人们不懂而改变。
- 山上的温度会随着高度的增加而降低，山越高气温越低。

练一练　用"而"改写句子。

Paraphrase the sentences with "而".

① 这次比赛，中国运动员特别努力，所以获得了好成绩。

_____

② 从春到秋，随着季节的改变，树叶的颜色也改变了。

_____

✛ **扩展**

"而"作为连词，还可以表示转折。

As a conjunction, "而" can also be used to indicate a turn in the sentence.

例　夏天都差不多，只是冬天北方比较干燥，而南方更湿润。

39 什么的

📢 **解释**

助词，用在一个或几个并列成分后，等于"等等"。常用于口语。
auxiliary "什么的" is used after one or several juxtaposed elements, and is the same as "等等". It is often used in oral Chinese.

 例句

- 他不喜欢打篮球什么的，就爱游泳。
- 他的家具很简单，只有一个小衣柜、一张床，还有桌子、椅子什么的。

✏ **练一练**

用"什么的"改写句子。

Paraphrase the sentences with "什么的".

① 我们去趟商店吧，得买点儿面包或者别的什么。

_____

② 丽丽闲下来的时候，就自己写点儿散文、随笔，等等。

_____

40 之（之一）

解释

"之"是助词，古汉语中较常见，大致相当于现代汉语的结构助词"的"，可以与后面的单音节语素结合，构成名词性结构。常见的固定结构有"之流""之类""之多""之久""之极""之至""之于""之所以"等。"之一"意思是同类事物中的一个，常见于名词性结构后面。

"之" is an auxiliary word, which is commonly seen in ancient Chinese and is similar to the structural auxiliary word "的" in modern Chinese. "之" can be followed by single-syllable morphemes to form noun structures. Some of the commonly used structures include "之流", "之类", "之多", "之久", "之极", "之至", "之于", "之所以". "之一" means "one of", and is often used after a noun structure.

例句

- 习惯不是一天之内养成的。
- 我越来越不了解现代艺术里的"不美之美"。
- 这场大雪时间之长，是大家都没想到的。
- 幽默是成功者的共同特点之一。

练一练　选词填空。

Complete the sentences with the correct words.

> 之中　之所以　三分之二　之一　之于

① 我丈夫是个很幽默的人，这也是我和他结婚的原因＿＿＿＿＿
＿＿＿＿＿。

② 一生＿＿＿＿＿＿＿，和你在一起时间最长的人是你的爱人。

③ 我刚才看了一下，有＿＿＿＿＿＿＿的人同意这个计划。

④ 人＿＿＿＿＿＿＿会累，就是因为常常在坚持和放弃之间，难以选择。

⑤ 空气＿＿＿＿＿＿＿人，就像水之于鱼。

特　殊　句　型

41　兼语句：使

解释

一个句子的谓语由一个动宾短语和一个主谓短语前后嵌套组成，动宾短语中的宾语同时兼做主谓短语的主语，这样的句子叫兼语句。"使"多用于书面语。

It refers to a sentence where the predicate is comprised of a verb-object phrase and a subject-predicate phrase, and the object in the verb-object phrase is also the subject in the subject-predicate phrase. "使" is usually used in written Chinese.

格式	主语 + 使 + 人 / 事物 + 动词 / 动词性短语

例句

- 他说这样的话并不使人感到意外。
- 在中国留学的一年使他在研究方面有了很多新的想法。

练一练

用"使"改写句子。

Paraphrase the sentences with "使".

① 旅行最大的好处之一是能让人更了解自己。

② 年轻人应该多经历一些困难，困难能让自己得到锻炼。

42　比较句：A 没有 B（这么 / 那么）+ 形容词

解释

两者之间的比较，表示 A 没有达到 B 的程度。

The structure means "A is not as ... as B", which indicates the comparison between two parties.

> **例句**
> - 这个小区没有那个小区那么安静。
> - 夏天气候都差不多，只是一到冬天，南方没有北方那么干燥。

练一练　看图片和表格，用"A 没有 B 那么……"造句。
Look at the picture and the chart, and make sentences with "A没有B 那么……".

姐姐

弟弟

北京—上海	坐高铁	坐飞机
价格	555 元	1130 元
时间	5 个小时	2 个小时

① _____ ② _____

复 句

43 并列关系：既……，又/也……

解释　表示同时具有两个方面的性质或情况。
The structure indicates that someone or something possesses two kinds of qualities.

> **例句**
> - 杭州市既是一座文化名城，也是著名的旅游城市。
> - 我觉得这种方法比较健康，既能减轻压力，又能锻炼身体。

练一练　用"既……，又 / 也……"及所给词语完成句子。

Complete the sentences with "既……，又/也……" and the words provided.

① 我想借这个机会到处走走，＿＿＿＿＿＿＿＿＿＿＿＿

＿＿＿＿＿＿＿＿＿。（轻松　美好）

② 散步是生活中最简单易行的运动，＿＿＿＿＿＿＿＿＿＿

＿＿＿＿＿＿＿＿。（身体　心情）

44　承接关系：首先……，然后/接着……，（最后）……

解释　表示按某个顺序列举事项。

The structure is used to list things according to certain order.

例句

- 到机场后，她首先给父母打了一个电话，接着开始打开电脑工作，最后还看了一会儿书。
- 首先是兴奋，因为马上就要开始全新的生活了；然后是难过，因为要离开熟悉的亲人和环境。

练一练　排列顺序，把序号填在横线上。

Put the sentences in the correct order.

① 接着应该耐心地一遍一遍地教他练习，使他熟悉

② 最后孩子才能学会

③ 首先要示范怎么说

教孩子说话，＿＿＿＿＿＿，＿＿＿＿＿＿，＿＿＿＿＿＿。

45 递进关系：不仅……，而且……

解释
表示除所说的意思之外，还有更进一层的意思。
The structure means "not only ..., but also ...".

 例句

- 这种葡萄酒，不仅酒的味道好，而且酒瓶也像一件高级艺术品。
- 不仅要看到自己的优点，而且也要了解自己的缺点，并且努力改掉缺点。

⚠️ **注意**

当前后两个分句主语相同时，"不仅"放在主语后；当前后两个分句主语不同时，"不仅"放在主语前。

When the subjects of the two clauses are the same, "不仅" should be after the subject; when the two subjects are different, "不仅" should be before the subject.

例
- 她不仅网球打得好，而且性格也很开朗。
- 不仅上海经济发展得很快，而且周围几个城市也发展得不错。

练一练
给括号中的词语选择适当的位置。
Choose the correct place for the words in the brackets.

① ＿A＿ 我们 ＿B＿ 要 ＿C＿ 会 ＿D＿ 读书，而且要会选择其中的好书来阅读。（不仅）

② ＿A＿ 电影内容 ＿B＿ 十分 ＿C＿ 有趣，＿D＿ 演员们演得也非常好。（不仅）

46 递进关系：连……，更不用说……

解释

用于强调。"连"后可以用"都""也""还"呼应，"更不用说"有时可以省略。

The structure is used to emphasize something. "都", "也" and "还" can be used in the clause with "连". "更不用说" sometimes can be omitted.

例句

- 时间紧张，他连大衣也没穿就出门了。
- 知道了那个消息后，她连吃饭都没兴趣了，更不用说看电影了。

练一练

组句。

Put the words in the correct order to make sentences.

① 我 都 他 住 哪儿 连 忘 了 问

_____

② 更不用说 工作日 了 连周末 也不能休息 忙的时候

_____

47 选择关系：不是……，而是……

解释

前后两个小句对比说明一件事或一件事的两个方面。

The two clauses are used in comparison to clarify one thing, or are used to indicate two aspects of one thing.

例句

- 他今天没来上课，不是生病了，而是有事。
- 放弃不是表示认输，而是表示新的开始。

练一练　模仿造句。

Look at the example sentence, and complete the following sentences.

现在讨论的不是一个小问题，而是关系这次招聘成败的大问题。

① 公司要解决的不是＿＿＿＿＿＿＿＿＿＿，而是＿＿＿＿

＿＿＿＿＿＿＿＿＿＿。（数量　质量）

② 节约不是＿＿＿＿＿＿＿＿＿＿，而是＿＿＿＿＿＿

＿＿＿＿＿。（花钱　需要）

48 转折关系：……，不过……

解释　"不过"是连词，表示转折，补充修正上文的意思或补充跟上文相反的意思。多用于口语。

"不过" is a conjunction, which is used to link a turn in a sentence to modify the previous clause or to supplement what is opposite. It is often used in oral Chinese.

例句

- 大夫给她打了一针，三岁的女儿尽管很害怕打针，不过她没有哭。
- 科学研究发现，海底的动物们一直在"说话"，只不过人的耳朵是听不到的。

练一练　用"不过"改写句子。

Paraphrase the sentences with "不过".

① 这家餐厅的菜不便宜，但味道确实不错。

＿＿＿＿＿＿＿＿＿＿＿＿＿＿＿＿＿＿＿＿＿＿＿＿

② 我对那儿也不太熟悉，但是网上有地图，我帮你查查。

＿＿＿＿＿＿＿＿＿＿＿＿＿＿＿＿＿＿＿＿＿＿＿＿

49　转折关系：尽管……，可是……

🔊 **解释**　表示转折关系，除"可是"外，还常用"仍然""还是"等词与"尽管"呼应。

The structure indicates a turn in a sentence. Besides "可是", "仍然" and "还是" are also often used in the second clause.

例句

- 尽管电子书籍已经被越来越多的人接受，可是他仍然坚持纸上阅读。
- 尽管有时候整理东西很麻烦，但我还是觉得它能带给我很多快乐。

✏️ **练一练**　用"尽管"及所给词语完成句子。

Complete the sentences with "尽管" and the words provided.

① _____，可是到了周末他仍然会约朋友去打球。（忙）

② 这个问题到现在还没有解决，_____
_____。（办法）

50　假设关系：要是……，（就）……

🔊 **解释**　固定结构"要是……，（就）……"表示假设。

The structure means "if ..., (then) ...", indicating a hypothesis.

例句

- 衣服要是不适合自己，就别买。
- 这个酸菜鱼要是能再辣一点儿的话就更好了。

✏️ **练一练**   用"要是……，（就）……"回答问题。
Answer the questions with "要是……，（就）……".

① 好朋友找你帮忙，你想告诉对方，如果他不是你最好的朋友，你就不会帮他的忙，应该怎么说？

_____

② 想家的时候，你很想吃妈妈做的饭，应该怎么说？

_____
_____

51   假设关系：……，否则……

📢 **解释**   表示假设关系，前一分句说明如果不是这样，后一分句指出从前一分句推论得到的结果或提供另外一种选择。也可以说"除非……，否则（的话）……"。后一分句也可用反问句式。

The structure is used to show a hypothesis. The first clause indicates the hypothesis, and the second clause points out the results of the hypothesis or provides another option. "除非……，否则（的话）……" conveys the similar meaning. The second clause can also be a rhetorical question.

💬 **例句**

- 要想减肥成功，一定要坚持，否则很难有效果。
- 两个人在一起，总会有误会，这就需要及时沟通，否则的话，误会就可能越来越深。
- 看来他已经登机了，否则怎么可能不接电话？

✏️ **练一练**   选词填空。
Fill in the blanks with the correct words.

① 除非有特殊情况，_____旅行行程不可改变。（否则 是否）

② 邮箱密码不能太简单，＿＿＿＿＿＿＿不安全。（否则　是否）

52 条件关系：不管／无论……，也／都……

🔊 **解释**

表示在任何条件下结果或结论都不会改变。"不管""无论"后常用疑问代词或并列短语。

The structure indicates the conclusion will never change no matter what happens. "不管" and "无论" are often followed by interrogative pronouns or coordinative phrases.

💬 **例句**

- 不管做什么事情，都应该有计划。
- 无论男人还是女人，只要能在自己的工作中取得好成绩，都应该被尊重。

🖊 **练一练**

给括号中的词语选择正确的位置。

Choose the correct place for the words in the brackets.

① ＿A＿ 压力 ＿B＿ 有多么大，＿C＿ 为了我们共同的理想，＿D＿ 一定不能放弃。（不管）
② ＿A＿ 其实，＿B＿ 做什么 ＿C＿ 事情，＿D＿ 提前做计划总是好的。（无论）

53 条件关系：只要……，就／便……

🔊 **解释**

"只要"表示必要条件，可用在主语前或主语后。

"只要" introduces a prerequisite. It can be used before or after the subject.

例句

- 只要我们真正努力过了，就不需要太关心结果。
- 我第一次参加长跑比赛，只要能跑完，便很高兴。

⚠️ **注意**

若后一小句是反问句或"是……的"句，句中不用"就"或"便"。

If the second clause is a rhetorical question or using "是……的", "就" or "便" cannot be used.

例
- 只要你说出来，难道他还能不帮你的忙？
- 只要你细心一点儿，错误是可以发现的。

✏️ **练一练**　选择题。

Fill in the blanks with the correct choice.

① 现在，在中国很多地方购物时，_____有手机_____可以完成付款了。

A 只要……，就……　　　　B 只有……，才……

② _____打个电话，_____能联系到我。

A 只要……，就……　　　　B 只有……，才……

54　因果关系：既然……，就……

🔊 **解释**

"既然"用于前一小句，提出已成为现实或已肯定的前提。除了"就"，后面也可以用"也""还"呼应。

"既然" is used in the first clause of a sentence, indicating established facts. "就" can be replaced by "也" and "还".

- 既然知道是你错了，那你就该向他道歉。
- 两个人既然已经决定共同生活，就要懂得互相信任和尊重。

✎ **练一练**　用"既然……，就……"回答问题。
Answer the questions with "既然……，就……".

① 你的朋友听到坏消息以后，你怎么安慰她？

_____

② 朋友要选专业，有人建议他选新闻专业，但他并不喜欢，你该怎么说？

_____

55　因果关系：由于……，（因此）……

🔊 **解释**　"由于"连接原因，"因此"连接结果。有时句中可以只用"由于"，不用"因此"。
"由于" indicates the reasons, and "因此" indicates the results. "因此" sometimes can be omitted.

- 由于古城四季风景如画，因此每年都吸引着成千上万的游客去那儿旅游。
- 由于气候条件不同，世界各地的服装也很不相同。

练一练　选择题（可多选）。

Fill in the blanks with the correct choice(s).

① 正是＿＿＿＿＿＿有这些不同的味道，＿＿＿＿＿＿生活才变得丰富多彩。

A 由于……，因此……　　　　B 由于……，所以……

C 因此……，所以……　　　　D 因为……，因此……

② 刚才听广播说＿＿＿＿＿＿天气原因，我们的航班推迟了。

A 因为　　　　B 由于　　　　C 所以　　　　D 因此

---

56 让步关系：即使……，也……

解释　表示假设或让步的关系。"即使"用在第一个分句里，后面的分句常用"也"呼应。

The structure is used to indicate a hypothesis or compromise. "即使" is used in the first clause, and "也" is often used after it.

- 南方气候温暖，即使冬天也很少下雪。
- 李老师的记性非常好，即使是最早毕业的学生，她也记得他们的名字。

练一练　用"即使……，也……"及所给词语完成句子。

Complete the sentences with "即使……，也……" and the words provided.

① 有理想的人，＿＿＿＿＿＿＿＿＿＿＿＿。（困难　放弃）

② 会花钱的人，＿＿＿＿＿＿＿＿＿＿＿＿。（不多　舒服）

57 从……起

解释

表示时间的起点,有"从……开始"的意思,常用在句首。

"从……起" is used to show the start of time, meaning "from …". It is usually used at the beginning of a sentence.

例句

- 从明天起,我就要开始在北京留学了。
- 从开始上学起,他的成绩一直很好。

练一练

用"从……起"改写句子。

Paraphrase the sentences with "从……起".

① 从一号那天开始,这里就一直是阴天。

_____

② 从上回大家提了意见开始,小李就很注意改正。

_____

58 和 / 跟……相比

解释

表示比较,书面语中常用"与"代替"和""跟"。

"和/跟……相比" is used to show comparison. In written Chinese, "与" is often used to replace "和" or "跟".

例句

- 跟公共汽车相比,地铁最大的优点就是不会堵车。
- 和飞机相比,有时火车更省时间、更方便。
- 尽管京剧比较年轻,但与其他表演艺术相比,它发展得很快。

练一练   看图片，用"和 / 跟……相比"完成句子。

Look at the chart and the picture, and complete the sentences with "和/跟……相比".

① _____，
今年的降水量比较大。

② _____，
我更想去打网球。

59　为了……而……

解释   "为了……而……"结构中，前一部分表示后一部分的目的、原因等。

In "为了……而……" structure, the first part states the purpose of or reason for the second part.

例句

- 我们是为了保护地球环境而工作。
- 奥运会的意义在于，运动员为了实现自己的梦想而努力拼搏。

练一练   用"为了……而……"完成句子。

Complete the sentences with "为了……而……".

① 人们不应该仅仅_____，要让钱为我们工作。

② 购物是因为需要，不应该_____。

60　再……也……

解释

用于表示让步的假设句，意思是"即使、无论多……"。
"再……也……" is used in hypothetical sentences to indicate concessions. It means "no matter how ...".

例句

- 每个人都有缺点，再优秀的人也一样。
- 情况再严重公司也要想出解决办法。

练一练

用"再……也……"改写句子。
Paraphrase the sentences with "再……也……".

① 无论天多冷，风多大，我们也不怕。

② 你们只要平时认真学习，无论考试多难也不用担心。

61　在……看来

解释

插入语，表示下文是发表意见或表达看法，多用于书面语。
This structure is a parenthesis, indicating opinions. It means "in the eyes of ...", and is often used in written Chinese.

例句

- 在很多人看来，网络已经成为日常生活的必需品。
- 这次事故的发生，在我们看来不是偶然的。

✏️ **练一练** 用"在……看来"及所给词语完成句子。

Complete the sentences with "在……看来" and the words provided.

① _____，这种方法并不可取。（专家）

② _____，画画儿只是小孩子们的游戏。（父母）

62 （在）……上

📣 **解释** "（在）……上"中间的成分一般是带修饰语的名词或动词，表示范围或条件。

Nouns or verbs with modifiers are usually put between "在" and "上", indicating the scope or condition.

💬 **例句**

- 在这个问题上，我们都同意他的观点。
- （在）怎么玩上，小云可有办法了。

✏️ **练一练** 用"（在）……上"及所给词语完成对话。

Complete the dialogues with "（在）……上" and the words provided.

① A：广东菜怎么样？

B：_____很讲究。（食物材料）

② A：你在北方工作、生活还好吗？

B：_____，但感觉气候还是有点儿干燥。（完全适应）

HSK4 级
练习参考答案

1 方面　我们要从生活中的各个方面减少垃圾的产生。一方面，平时要少用塑料袋；另一方面，外出旅行不能随便丢垃圾，应该把垃圾扔在垃圾桶里。

2 同时
① 姐姐和妹妹同时来到了北京。
② 在努力工作的同时也要注意身体。

3 其中
① 我有很多爱好，其中最大的爱好就是看书。
② 云南的美食太丰富了，其中我最喜欢的是各式各样的小吃。

4 左右
① 老师说，这次考试有一半左右的人没有通过。
② 走过去要半个小时左右，我们还是坐车吧。

5 来不及
① 时间太晚了，来不及通知他了。
② 电影七点开始，六点出发恐怕来不及吧！

6 以为　① 以为　　② 以为

7 得（děi）
① 北京到海南没有火车，得坐飞机。
② 我突然想起来必须得先去趟银行。

8 咱们　① 咱们／我们　　② 我们

9 另
① 住的地方有两个，一个在楼上，另一个在楼下。
② 他最近特别忙。一方面他要准备成绩证明、办护照和签证，另一方面还要跟国外的大学联系。

10 另外　① B　　② A/B　　③ B

11 及时 1	① 及时	② 及时
12 遍	① 遍	② 遍
13 场	① 场	② 场
14 趟	① 这个假期，她去了一趟上海。 ② 我肚子有点儿不舒服，得去一趟医院。	
15 倍	① 今年经济增长的速度是前年的三倍。 ② 今年经济增长的速度比去年快一倍。	
16 按时	① 按时	② 按时
17 本来	① 本来	② 本来
18 并 1	① 幸福是什么？很多人并不清楚。 ② 其实，眼睛也可能会骗人，你看到的并不一定是真的。	
19 不过	① 你太客气了，我不过给了些意见，这一切都是你自己辛苦努力的结果。 ② 他学汉语不过两个月的时间，已经可以说得很好了。	
20 从来	① 选择教汉语这份工作，他从来没有后悔过。 ② 她很诚实，从来不说假话。	
21 刚	① 刚	② 刚才
22 及时 2	① 及时	② 及时
23 竟然	① D	② C
24 恐怕	① D	② C

25 千万 　①　C 　②　D

26 全 　①　全部 　②　全

27 却 　①　老周家住得远，却反而先到。
　　②　尽管想了很多办法，却没有一个见效的。

28 是否 　①　这个意见是否正确，还需要证实。
　　②　我们现在是否需要冷静地考虑一下未来的发展方向呢？

29 挺 　①　面条挺好吃的。 　②　吃不吃呢？挺难决定的。

30 往往 　①　她工作努力，常常受到表扬。
　　②　欢迎你们以后常常光临。

31 尤其 　①　春节时，最受欢迎的食品是饺子，尤其是在中国北方。
　　②　人们很容易被便宜的东西吸引，尤其是在商家打折的时候。

32 按照 　①　B 　②　C

33 对于 　①　关于 　②　对于

34 随着 　①　随着经济的发展，将有更多的人关注环境保护问题。
　　②　随着时代的进步，将有更多的人改变旧观念。

35 通过 　①　她通过努力，改变了人们的看法。／通过努力，她改变了人们的看法。
　　②　我们通过调查发现，大部分女性考虑过减肥。／通过调查，我们发现大部分女性考虑过减肥。

36 由 1、2、3、4 　①　由 　②　由
　　③　由 　④　由

37 并 2	① 这次会议讨论并通过了今年的工作计划。 ② 即使遇到暂时的失败，他们也会勇敢地接受并总结经验。
38 而 1、2	① 孩子眼中的世界是美丽而奇特的。 ② 年龄越大越喜欢简单而快乐的生活。 ① 这次比赛，中国运动员通过努力而获得了好成绩。 ② 从春到秋，树叶的颜色随着季节的改变而改变。
39 什么的	① 我们去趟商店吧，得买点儿面包什么的。 ② 丽丽闲下来的时候，就自己写点儿散文、随笔什么的。
40 之（之一）	① 之一　　　　② 之中 ③ 三分之二　　④ 之所以　　　⑤ 之于
41 兼语句：使	① 旅行最大的好处之一是能使人更了解自己。 ② 年轻人应该多经历一些困难，困难能使自己得到锻炼。
42 比较句： A 没有 B （这么/那么）+ 形容词	① 弟弟没有姐姐那么高。 ② 从北京到上海，坐高铁没有坐飞机那么贵／快。
43 并列关系： 既……，又/ 也……	① 我想借这个机会到处走走，<u>给自己留下一段既轻松又美好的回忆</u>。 ② 散步是生活中最简单易行的运动，<u>既可以锻炼身体，又可以放松心情</u>。
44 承接关系： 首先……，然后/ 接着……， （最后）……	教孩子说话，　<u>③</u>　，　<u>①</u>　，　<u>②</u>　。
45 递进关系： 不仅……， 而且……	① B　　　　　　　　② A

46 递进关系： 连……，更不 用说……	① 我连他住哪儿都忘了问。 ② 忙的时候，连周末也不能休息，更不用说工作日了。
47 选择关系： 不是……， 而是……	① 公司要解决的不是<u>产品数量问题</u>，而是<u>产品质量问题</u>。 ② 节约不是<u>不花钱</u>，而是<u>把钱花在最需要的地方</u>。
48 转折关系： ……，不过……	① 这家餐厅的菜不便宜，不过味道确实不错。 ② 我对那儿也不太熟悉，不过网上有地图，我帮你查查。
49 转折关系： 尽管……， 可是……	① <u>尽管现在工作很忙</u>，可是到了周末他仍然会约朋友去打球。 ② 这个问题到现在还没有解决，<u>尽管已经想了不少办法</u>。
50 假设关系： 要是……， （就）……	① 你是我最好的朋友，要是别人，这事我就不帮忙了。 ② 要是能吃到妈妈做的饭就好了。
51 假设关系： ……，否则……	① 否则　　② 否则
52 条件关系： 不管／无论……， 也／都……	① A　　② B
53 条件关系： 只要……， 就／便……	① A　　② A
54 因果关系： 既然……， 就……	① 事情既然已经发生了，就先想想怎么解决吧。 ② 既然你不喜欢新闻专业，那就再考虑考虑其他专业吧。

55 因果关系：由于……，（因此）……	① A	② A/B

56 让步关系：即使……，也……
① 有理想的人，<u>即使暂时遇到困难，也</u>不会随便放弃。
② 会花钱的人，<u>即使收入不多，也</u>能让自己生活得舒服。

57 从……起
① <u>从一号那天起</u>，这里就一直是阴天。
② <u>从上回大家提了意见起</u>，小李就很注意改正。

58 和 / 跟……相比
① <u>和 / 跟去年相比</u>，今年的降水量比较大。
② <u>和 / 跟打羽毛球相比</u>，我更想去打网球。

59 为了……而……
① 人们不应该仅仅<u>为了钱而工作</u>，要让钱为我们工作。
② 购物是因为需要，不应该<u>为了购物而购物</u>。

60 再……也……
① 即使天<u>再冷</u>，风<u>再大</u>，我们<u>也</u>不怕。
② 你们只要平时认真学习，考试<u>再难也</u>不用担心。

61 在……看来
① <u>在专家们看来</u>，这种方法并不可取。
② <u>在他的父母看来</u>，画画儿只是小孩子们的游戏。

62 （在）……上
① 广东菜<u>在食物材料的选择上</u>很讲究。
② <u>在工作上已经完全适应了</u>，但感觉气候还是有点儿干燥。

HSK **5** 级

1　以来

 解释
名词，表示从过去的某个时间一直到现在的一段时间。
noun "以来" is used to refer to a period starting from the past till the present.

- 长期以来，鲨鱼一直被电影、电视和书籍描述为海洋中的可怕杀手。
- 的确，长期以来，中国的乒乓球在国际上是处于领先地位的。

练一练
用"以来"及所给词语完成句子。
Complete the sentences with "以来" and the words provided.

① _____，中国发生了巨大的变化。（改革开放）
② _____，这儿的空气污染越来越严重。（入冬）

2　多亏

 解释
动词，因为有了别人的帮助或其他好条件，避免了不幸的事或得到了好的结果。"多亏"用在前一句时，后一句常有"才""要不""否则"等搭配。
verb "多亏" is used to say as a result of someone's help or some favorable conditions, something bad is avoided or something good is achieved. Normally, when "多亏" is in the first clause, "才", "要不"

or "否则" will be used in the second one.

> - 这次多亏了你的积极配合。
> - 多亏了您给我推荐的药，我的病才好得这么快。

练一练   用"多亏"及所给词语完成句子。

Complete the sentences with "多亏" and the words provided.

① ＿＿＿＿＿＿＿＿，不然我真没法儿准时到机场。（开车）

② ＿＿＿＿＿＿＿＿，要不我就忘了。（提醒）

3   靠

解释   动词，表示依赖、凭。

verb   "靠" means "depend on; rely on".

> - 很多人靠呆在家里安安稳稳地看电视来度过时间。
> - 一个人能否成为优秀的人，基本上是可以自己做主的，能否在社会上获得成功，还要靠运气。

练一练   用"靠"及所给词语完成句子。

Complete the sentences with "靠" and the words provided.

① 人生成与败不能完全依赖别人的安排与帮助，主要还得＿＿＿＿＿＿。（努力）

② 中国人常说："在家＿＿＿＿＿＿，出门＿＿＿＿＿＿"，有什么我能帮的，尽管告诉我。（父母　朋友）

✥ **扩展**

动词，意思是"接近，挨近"。

verb "靠" means "get close to; stand by the side of".

例 ▪ 船靠岸后，这个人顺着船上的记号下水去找剑，但找了
半天也没有找到。

▪ 在追赶中，狮子超过了一只又一只站在旁边观望的羊，对
那些靠得很近的羊，狮子却像没看见一样，一次次地放过。

4 难免

📢 **解释**   形容词，表示不容易或不太可能避免（某种消极的事情）。

adjective   "难免" indicates something negative is not easy or possible
to avoid.

 例句

▪ 刚开始学习汉语的时候，这样的错误是难免的。

▪ 考试的时候，紧张是难免的。

提示 ▶ "不免""难免""未免"的区别见第 262 页。

✎ **练一练**   给括号中的词语选择适当的位置。

Choose the correct place for the words in the brackets.

① ___A___ 一个活动内容枯燥，___B___ 一个活动热烈有趣，___C___ 造
成 ___D___ 时间知觉上的差异。（难免）

② ___A___ 我们在教育孩子时，___B___ 会将他的缺点和优点都评说
一番，___C___ 并常常 ___D___ 采用"先褒后贬"的方法。（难免）

5 便 1、2

🔊 **解释 1**　副词，表示第二件事紧接着第一件事发生。

adverb "便" is used to indicate that the second thing happens immediately after the first one.

例句
- 楼上新买了一架钢琴，我们家便多了一些不安宁。
- 担心他受不了这个打击，我们便相约来安慰他："车丢了，你千万不要太悲伤啊。"

✏️ **练一练**　给括号中的词语选择适当的位置。

Choose the correct place for the words in the brackets.

① ＿A＿雨水降到地面，＿B＿向低处汇集，＿C＿一部分形成小河，＿D＿然后流入江河。（便）

② ＿A＿他看见一只兔子＿B＿从旁边的草丛里慌慌张张地跑出来，＿C＿一头撞在田边的大树上，＿D＿倒在那儿一动也不动了。（便）

🔊 **解释 2**　副词，用于强调后面所说的内容。

adverb "便" is used to emphasize what is followed after it.

例句
- 他终于发现，原来世界上最宝贵的东西便是自己的家。
- 这个平均值便能反映出你个人月收入的多少。

✏️ **练一练**　给括号中的词语选择适当的位置。
Choose the correct place for the words in the brackets.

① ＿Ａ＿几年后＿Ｂ＿公司＿Ｃ＿迅速＿Ｄ＿崛起了。（便）
② ＿Ａ＿不易觉察的小病＿Ｂ＿发展到＿Ｃ＿可见的程度＿Ｄ＿称为"病"。（便）

比一比　便、就

1. 上述义项和用法的"便"都可以用"就（是）"代替，但是"便"常用于书面语，"就"在口语和书面语中都可以使用。
In the above-mentioned usages, "便" can be replaced by "就（是）", but "便" is more often used in written Chinese, and "就" can be used both in oral and written Chinese.

2. "就"还可以表示范围、强调数量，这时不能用"便"代替。
"就" can also be used to indicate the scope or emphasize numbers. In this case, "就" cannot be replaced by "便".

例　▪ 教室里就一个人在学习。（✓）
　　▪ 教室里便一个人在学习。（×）

➕ **扩展**

"便"还常常跟"如果""只要""因为""既然"等连用，表示上文的事实引出了下文的情况或者结果。
"便" is also used together with "如果", "只要", "因为" and "既然" to introduce the results caused by the facts mentioned before.

例　▪ 我相信，如果继续努力，便一定会成功的。
　　▪ 因为不清楚真正的宝贝是什么，这个人便决定走遍天涯海角去找。

6 根本

🔊 **解释**　副词，表示彻底、完全，多用于否定句。

adverb "根本" means "totally; completely". It is mostly used in negative sentences.

💬 **例句**
- 你根本就看不见这些美丽的花呀。
- 如果她不想买，根本就不会关心苹果的好坏，更不会花时间去评价。

✏️ **练一练**　给括号中的词语选择适当的位置。

Choose the correct place for the words in the brackets.

① ＿A＿要带的东西＿B＿太多了，＿C＿这个行李箱＿D＿装不下。（根本）

② 我＿A＿发现自己＿B＿就不知道＿C＿怎么停止、＿D＿怎么保持平衡。（根本）

➕ **扩展**

"根本"还可做名词，表示事物最基础、最重要的部分。

"根本" can also be a noun, referring to the most basic and important part of things.

例
- 从根本上说，这些就是我学到的全部。
- 你做的这些都没用，不能从根本上解决问题。

7 果然

🔊 **解释**　副词，表示事情的发展与事先所说的或所想象的一样。

adverb "果然" is used to indicate that something happens just as expected.

- 天价招牌的冲击力果然不同一般，每个从这里路过的人似乎都会不自觉地停住脚步看上一眼。
- 我完全按照老者的方法去做，果然那两盆将要枯萎的花的叶子慢慢地泛绿了。

 练一练 用"果然"完成句子。

Complete the sentences with "果然".

① 看样子里面放的可能都是吃的东西，打开一看，_____ _____。

② 早就听说张小姐漂亮又大方，今天见到她，_____ _____。

8 忽然

 解释 副词，表示事情发生得迅速，让人没有想到。

adverb "忽然" is used to indicate that something happens suddenly and unexpectedly.

例句

- 到了第二天晚上，他们忽然发现昨天放进袋子里的石头竟然都变成了黄金。
- 没走多远，富商忽然觉得这样做不妥，于是连忙返回来。

比一比 忽然、突然

1. 二者都可以做状语，可以互换。

Both can be used as adverbial modifiers. They can replace each other.

例 忽然／突然下雨了。

2. "突然" 是形容词，除了做状语外，还可以做定语、谓语、补语等，"忽然" 是副词，没有这些用法。

"突然" is an adjective, apart from being an adverbial modifier, it can also be used as an attribute, a predicate or a complement. "忽然" is an adverb which cannot be used this way.

例　■ 这是一个突然的情况。（√）

　　■ 这是一个忽然的情况。（×）

　　■ 这件事发生得很突然。（√）

　　■ 这件事发生得很忽然。（×）

 练一练　　选词填空。

Fill in the blanks with the correct words.

① 这个消息太＿＿＿＿＿＿了，我们完全没有想到。（突然　忽然）

② 众人都笑孙膑无能，孙膑却＿＿＿＿＿＿哈哈大笑起来。（突然　忽然）

9 简直

 解释　　副词，表示完全是这样，带有夸张的语气。

adverb　"简直" is used with exaggeration to mean "simply; at all; virtually".

例句
　■ 太精彩了，李娜简直太厉害了！

　■ 苏小姐果然是既和气又有礼貌，与从前相比，简直判若两人。

练一练 用"简直"完成句子。
Complete the sentences with "简直".

① 听到最后的结果时，我完全没想到，_____。
② 你看，他们兄弟俩长得太像了，_____。

10 连忙

🔊 **解释** 副词，表示当某种情况出现时，很快地做出反应。
adverb "连忙" means to react quickly just as something happens.

例句
- 老者一听连忙说好。
- 商人一听有理，连忙让儿子骑上了驴，自己则跟在后面。

比一比 连忙、急忙、匆忙

1. "连忙"和"急忙"都是副词，只做状语，后面没有"地"。"连忙"表示出现某种情况反应快，"急忙"表示事情紧急或者心里着急。
"连忙" and "急忙" are both adverbs, which can only be used as adverbial modifiers without being followed by "地". "连忙" is used to say to react quickly to something, while "急忙" is used to indicate that something is urgent or someone is worried about something.

例
- 听说妈妈住院了，他急忙／连忙去医院。（√）
- 听说妈妈住院了，他急忙／连忙地去医院。（×）
- 他发现自己没有说清楚，于是急忙／连忙解释。（√）

2. "匆忙"是形容词，表示时间紧张，前面可以有程度副词修饰。
"匆忙" is an adjective, meaning in a hurry. It can be modified by adverbs of degree.

例 ▪ 你干吗这么匆忙？

▪ 这次很匆忙，没来得及去看更多的地方。

🖊 练一练　用"连忙"及所给词语完成句子。

Complete the sentences with "连忙" and the words provided.

① 孩子看见妈妈从外面回来了，＿＿＿＿＿＿＿＿＿＿＿＿

＿＿＿＿＿＿＿＿＿＿＿。（跑出去）

② 坐在旁边的妻子发现警察没有明白自己的意思，＿＿＿＿＿

＿＿＿＿＿＿＿＿＿＿。（解释）

11 难怪

📢 解释　副词，表示突然明白了（原来觉得奇怪的事情的）原因，现在不觉得奇怪了。

adverb "难怪" means "no wonder". It indicates someone suddenly knows the reason.

例句

▪ 他每天都找中国朋友聊天儿，难怪他的中文说得那么流利。

▪ 这次考试太难了，难怪这么多人没有通过。

🖊 练一练　用"难怪"及所给词语完成句子。

Complete the sentences with "难怪" and the words provided.

① 他是今天新来的，＿＿＿＿＿＿＿＿。（不认识）

② 你们已经认识这么多年了，＿＿＿＿＿＿＿＿。（了解）

12 始终

解释　副词，表示从开始到结束。
adverb "始终" means "from the beginning to the end; all along".

例句

- 那片"树叶"一直挂在树枝上，始终没有掉下来。
- 他一辈子没有结婚，始终是一个人生活。

比一比　始终、一直

1. 二者有时候可以互换。

In some cases, they can replace each other.

例
- 我始终朝着一个方向努力。
- 我一直朝着一个方向努力。

2. "一直"后的动词可以带表示时间的词语，而"始终"不可以。

The verbs after "一直" can be followed by words of time, while "始终" cannot.

例
- 我一直等到很晚才回家。（✓）
- 我始终等到很晚才回家。（×）

3. "一直"可以指向将来，而"始终"不可以。

"一直" can be used to refer to the future, while "始终" cannot.

例
- 我打算一直学下去。（✓）
- 我打算始终学下去。（×）

练一练　给括号中的词语选择适当的位置。
Choose the correct place for the words in the brackets.

① 我　A　认为　B　杀毒软件免费是大趋势，　C　这　D　是市场竞争的必然结果。（始终）

② 　A　没有什么"船"能够　B　让我们走得自在、轻松，　C　它对我们而言，　D　只能满足一时之需。（始终）

13 勿

📢 **解释**　副词，表示禁止或者劝阻，多用于书面语。
adverb "勿" is used to mean to forbid someone from doing something or to persuade someone not to do something. Normally it is used in written Chinese.

 例句
- 非工作人员请勿入内。
- 请勿打扰。

 练一练　用"勿"改写句子。
Paraphrase the sentences with "勿".

① 墙上的牌子写着"请不要乱写乱画"。

_____

② 公共场所，请别吸烟。

_____

14 朝 1、2

📢 **解释 1**   介词，表示动作的方向。

preposition "朝" is used to refer to the direction of an action.

例句
- 当它的同伴按照这只黑猩猩的示意走过去时，那只撒谎的黑猩猩却朝真正有香蕉的地方跑了。
- 为了最终能朝正确的方向前进，有必要先往相反的方向走一段。

✏️ **练一练**   用"朝"及所给词语完成句子。

Complete the sentences with "朝" and the words provided.

① 小男孩儿说着，就把一块钱放在柜台上，然后转身＿＿＿＿＿
＿＿＿＿＿＿＿＿＿＿＿＿＿＿＿。（外面）

② 我仿佛看到胜利＿＿＿＿＿＿＿＿＿＿＿＿＿＿。（我们）

📢 **解释 2**   介词，表示引出动作的对象。

preposition "朝" is used to introduce the object of an action.

例句
- 小狗朝他摇了摇尾巴。
- 他在朝你笑呢。

比一比　朝、向、往

1. 三者都可以表示物体或者人运动的方向。

All of them can be used to refer to the direction of movements of something or someone.

例　▪ 朝前走
　　▪ 向前走
　　▪ 往前走

2. "朝""向"可以指物体或者人面对的方向，而"往"不可以。

"朝" and "向" can be used to refer to the direction something or someone faces, while "往" cannot.

例　▪ 卧室和客厅朝南（✓）
　　▪ 卧室和客厅向南（✓）
　　▪ 卧室和客厅往南（×）

3. "朝""向"后面可以加"着"，而"往"不可以。

"朝" and "向" can be followed by "着", while "往" cannot.

例　▪ 朝着西北方向前进（✓）
　　▪ 向着西北方向前进（✓）
　　▪ 往着西北方向前进（×）

4. 如果句中动词是表示某一具体动作的动词，"朝""向"的宾语可以是人，而"往"不可以。

If the verb in the sentence represents a specific movement, then the objects of "朝" and "向" can be people, but this is not the case with "往".

例　▪ 朝我招手（✓）
　　▪ 向我招手（✓）
　　▪ 往我招手（×）

5. "向""往"组成的短语可以出现在动词后做补语，"朝"组成的短语不可以。

"向" and "往" phrases can be put after verbs as complements, while "朝" phrases cannot.

例
- 飞往上海的飞机（✓）
- 驶向远方的火车（✓）
- 飞朝上海的飞机（✕）

✎ 练一练　改错。

Correct the sentences.

① 孩子往他妈妈挥了挥手。

_____

② 我们的火车开朝北京。

_____

✛ 扩展

"朝"做名词时意思是"朝代"。

"朝" as a noun means "dynasty".

例
- 有关她的一些介绍最早出现在北朝民歌《木兰辞》中，但是关于她的出生年月和故乡，史书记载不一。
- 西安，古称长安，是举世闻名的世界四大文明古都之一，被称为"天然历史博物馆"。

15 趁

📢 **解释**
介词，表示利用有利的某种条件、某个时间或机会（做事）。
preposition "趁" means to take advantage of favorable conditions, time or opportunities to do something.

例句
- 我想趁着年轻多锻炼锻炼，丰富一下自己的经历。
- 等了半天你都不来，只好给你送来了，快趁热吃吧。

✏️ **练一练**
用"趁"及所给词语完成句子。
Complete the sentences with "趁" and the words provided.

① _____，我去买两瓶矿泉水。（电影）
② _____，我们赶快走吧！（下雨）

16 于 1、2、3

📢 **解释 1**
介词，引出时间。
preposition "于" is used to introduce time.

例句
- 人们利用盆、桶等简单模具自然冷冻了千余盏冰灯和数十个冰花，于元宵佳节在公园展出，轰动全城。
- 网友打分，评选出最佳设计奖，评选结果于四月十五日公布。

练一练　用"于"改写句子。

Paraphrase the sentences with "于".

① 甲骨文大约在商周之际产生，是目前发现的中国最为古老
的文字。

_____

② 中华人民共和国是 1949 年成立的。

_____

解释 2　介词，引出处所，相当于"在"。

preposition "于" is used to introduce location. It is similar to "在".

例句
- 这所大学位于北京的西北部。
- 婺源位于江西省东北部，被称为"中国最美的乡村"。

练一练　用"于"改写句子。

Paraphrase the sentences with "于".

① 上海东方明珠广播电视塔在黄浦江边。

_____

② 这种茶叶的产地在中国的黄山。

_____

解释 3　介词，引出对象。

preposition "于" is used to introduce the object.

- 前者主要用于食品加工，而后者则通常是即食水果。
- 生活中，人们往往习惯于走别人走过的路。

练一练　用"于"改写句子。

Paraphrase the sentences with "于".

① 老王的工作总是很忙，每天早出晚归。

_____

② 学校每年在基础设施建设方面都要花很多钱。

_____

✚ 扩展

1. "于"可以引出起点或原因，相当于"从""自"。

"于" is used to introduce the starting point or the reason. It is similar to "从" or "在".

例 ■ 快乐不是别人给的，而是来自于自己的心态。
　 ■ 市长读完后，出于礼貌，说了一句话："这是一本好书。"

2. "于"还可以表示比较。

"于" is also used to compare things.

例 ■ 市中心广告位的价格远远高于他的想象。
　 ■ 自由高于一切。

17 至于

解释 介词，常常用在两个句子中间，用来引进新的话题。

preposition "至于" is often used between two sentences or clauses to introduce a new topic.

例句

- 我可以告诉你四个理由：第一，我喜欢园艺工作；第二，我可以抚摸我的花；第三，我可以闻到它们的香味；至于第四个理由，则是因为你。
- 如果嘴巴不帮我们的忙，我们就要承受重大损失。至于嘴巴能帮到什么程度，那就要看我们口才如何了。

练一练 用"至于"及所给词语完成句子。

Complete the sentences with "至于" and the words provided.

① 每一个人都会在自己的生命旅程中，遇到"三种人"：第一种人应当尊为师友；第二种人需要远离；＿＿＿＿＿＿＿＿＿＿＿＿＿。（以礼相待）

② 我只知道他不喜欢吃辣的，＿＿＿＿＿＿＿＿＿。（不清楚）

✚ **扩展**

"至于"还可做动词，常用在否定句中，表示事情达到某种程度。

"至于" can also be a verb. It is often used in negative sentences to refer to the extent something has reached.

例

- 只有真正了解自己，才能为自己的生活与工作做一个恰当的规划，才不至于走弯路和歪路。
- 悬崖边有块金子，开着车去拿，你们觉得能开多近同时又不至于掉下去呢？

18 以及

 解释　连词，意思是"和"，连接并列的词或词组。
conjunction　"以及" means "and". It is used to link coordinative words and phrases.

- 绿茶中的这些营养成分，具有杀菌、消炎、防衰老以及防癌、抗癌等特殊功效。
- 他在与老总畅谈自己的求职经历，以及自己怀才不遇的愤慨。

比一比　以及、和

1. "和"多用于口语，"以及"多用于书面语。
"和" is often used in oral Chinese, while "以及" is often used in written Chinese.

2. "和"用于连接关系平等的成分，而"以及"连接的成分中，前面常常是主要的，或者时间上是在先的，后面是次要的或者时间在后的。
"和" is used to link elements with equal status, while "以及" is used to link the primary and the secondary, or the one happens first and the one happens after.

例　- 我爱吃苹果和香蕉。
- 中国很早以前就把茶以及茶文化传播到了国外。

3. "以及"前面可以停顿。
There can be a pause before "以及".

> 例 ▪ 大学教育的现状，以及大学生就业问题都是我们要讨论的重点。（✓）
>
> ▪ 大学教育的现状，和大学生就业问题都是我们要讨论的重点。（✗）

练一练   用"以及"完成对话。

Complete the dialogues with "以及".

① A：在中国，用筷子吃饭的时候要注意什么？

　　B：_____。

② A：口语考试的时候，老师问了什么问题？

　　B：_____。

19 似的

解释   助词，用在名词、代词或者动词后面，表示跟某种事物或情况相似。

auxiliary   "似的" is used after nouns, pronouns or verbs, meaning "seem to be; just like/as".

> ▪ 那花白得跟雪似的。
> ▪ 他好像从来没有听说过似的。
> ▪ 妈妈送我到机场的时候，哭得像个孩子似的。

✎ 练一练　　用"似的"及所给词语完成句子。
Complete the sentences with "似的" and the words provided.

① 我简直不敢相信这是真的，＿＿＿＿＿＿＿＿。（做梦）
② 这里的农村发展很快，＿＿＿＿＿＿＿＿＿。（城市）

20 所

📢 解释　　助词，放在动词前，跟动词组成名词性短语。
auxiliary　"所" is used before verbs to form noun phrases.

格式	所 + 动词 + 的

- 文化就像一个胃，如果健康的话，各种食物都能接受，都能消化，并转变成自己身体所需要的各种营养。
- 一个人是否形象高大，并不在于他所处的位置，而在于他的人格、胸襟、修养。

✎ 练一练　　把下列句子改成"所"字结构。
Paraphrase the sentences with "所".

① 人物画表现的是人类社会，以及人与人的关系。
　　＿＿＿＿＿＿＿＿是人类社会，以及人与人的关系。
② 希望这次我说的能对你有帮助。
　　希望这次我＿＿＿＿＿＿＿能对你有帮助。

✚ 扩展
"所"作为量词，一般用于房屋、学校等。
As a measure word, "所" is used to measure houses, schools, etc.

例　▪ 这所大学曾经进行过一次长达二十年的调查。
　　▪ 每次比赛之前，我都要仔细记一些比赛线路周围的标志，比如第一个标志是一所邮局。

21　兼语句：令

 解释　宾语既是前一个动词"令"的宾语，同时也是后一个动词的主语。"令"表示使令意义，后面不能带"着""了""过"。

The object of "令" is also the subject of the verb after "令". "令" means to make someone do something. It cannot be followed by "着", "了" or "过".

格式	主语＋令＋人＋动词／形容词／动词性短语／形容词性短语

 例句
▪ 令人惊奇的是，图中绘有大小河流、山脉、城镇三十余处，与今天的地图基本相同。
▪ 各种困难总是会突然出现，令我们始料不及，束手无策。

 练一练　用"令"及所给词语完成句子。
Complete the sentences with "令" and the words provided.

① 洁白的雪峰和翠绿的云杉树倒映湖中，如诗如画，_____。（游客）

② 老师的回答既清楚又完整，_____。（同学）

22 兼语句：派

 解释　宾语既是前一个动词"派"的宾语，同时也是后一个动词的主语。"派"表示安排某人做某事的意思，后面不能带"着""了""过"。

The object of "派" is also the subject of the verb after "派". "派" means to assign someone to do something. It cannot be followed by "着", "了" or "过".

> **格式**　主语 + 派 + 人 + 动词 / 动词性短语

 例句

- 有一回，齐国的国王派自己的大臣晏子访问楚国。
- 好，我们马上派人过去。

练一练　给括号中的词语选择适当的位置。

Choose the correct place for the words in the brackets.

① 在适当的时候，__A__ 合适的人 __B__ 去做适合 __C__ 他们的 __D__ 事情。（派）

② 学校 __A__ 给我们提供了很多机会，__B__ 常常 __C__ 我们 __D__ 出国学习。（派）

23 比较句：A 不如 B（这么 / 那么）+ 形容词

 解释　"不如"表示比较，意思是前面提到的人或者事物比不上后面所说的。

The structure means "A is not as ... as B".

 例句

- 今天不如昨天那么暖和。
- 上海的历史不如西安那么悠久。

练一练   改错。

Correct the sentences.

① 公司今年的投入不如去年很多。

_____

② 这学期的成绩不如上学期好得多。

_____

24 递进关系：不但不 / 不但没有……，反而……

 解释   表示后句的意思跟前句的意思相反或者跟说话人预想的不一样。

The structure indicates that the meaning of the second clause is the opposite of the first clause, or is different from the speaker's expectation.

 例句

- 如此一来，卖古董的人就会觉得他好说话，和他做买卖不但不会吃亏，反而还能多赚一些。
- 单纯对儿童进行识字教育，不但不能提升他们的阅读能力，反而有可能扼杀他们的阅读兴趣和热情。

 练一练   用"反而"完成句子。

Complete the sentences with "反而".

① 这样做不但没有解决已有的问题，_____。
② 这样做不但不能提高学生的汉语水平，_____。

25 选择关系：宁可……，也不 / 也要……

解释

表示比较两个方面以后，选择了其中的一种做法。

The structure means "would rather do something than do something".
It indicates making a choice after comparing two sides of something.

- 他宁可在家看电视，也不愿意出去运动。
- 我宁可多花点儿钱，也要买个质量好的。

练一练

用"宁可"完成句子。

Complete the sentences with "宁可".

① 他_____，也不让朋友吃亏。
② 作为母亲，她_____，也不让孩子觉得委屈。

26 选择关系：与其……，不如……

解释

表示取舍关系。"与其"说明放弃的一项，"不如"说明选取的一项。

The structure is used to mean to choose something. "与其" is followed
by the option that you give up, and "不如" is followed by the option that
you choose.

- 你与其为自己的胆小而担心，还不如利用这个特点，想办法增长自己的才干。
- 专家提醒，与其不断换用各种产品遮盖黑眼圈，不如尝试改善睡眠，调理饮食，这样，黑眼圈的问题才能得到根本的解决。

练一练　用括号中的词语完成句子。

Complete the sentences with the words provided.

① 因为馆内的每一件收藏品都是举世无双的瑰宝，与其浪费时间考虑抢救哪件，＿＿＿＿＿＿＿＿。（不如）

② ＿＿＿＿＿＿＿＿，不如我自己一个人完成。（与其）

27　假设关系：假如……，就……

 解释　"假如"后面提出一个可能的情况，"就"后面说明在这种情况下推断出来的结论或者提出新的问题。

"假如" is followed by a possibility, and "就" introduces the deduction of it or raises a new question.

例句
- 假如明天下雨，我们就不去参加运动会了。
- 一个沿街流浪的乞丐每天总在想，假如我手里有几万块钱就好了。

 练一练　用"假如……，就……"及所给词语完成句子。

Complete the sentences with "假如……，就……" and the words provided.

① 假如你能真心地帮助别人，你＿＿＿＿＿＿＿＿。（快乐）

② ＿＿＿＿＿＿＿＿，你就替我参加吧。（来不了）

28　假设关系：万一……，（就）……

 解释　"万一"后面是可能性非常小的情况，常常是意外或者不好的情况，"就"后面说明在这种情况下的结果。当"万一"表示说话人的估计的时候，既可以放在主语前面，也可以放在主语后面。

"万一" is followed by things that rarely happen, which are often accidents or something bad, and "就" introduces the result of them. When "万一" is used to introduce the estimation of the speaker, it can be put before or after the subject.

- 万一前面再遇到河的话，你就再砍树，然后做成船。
- 你万一找不到熟人，也不必紧张，此时先别忙着开口，而是用耳朵去听，用眼睛去看。

练一练　用"万一"及所给词语完成句子。
Complete the sentences with "万一" and the words provided.

① 中国人常说："不要把鸡蛋全放在一个篮子里"，因为
_____。（失手）
② 我建议咱们还是早点儿出发吧，_____？（堵车）

29　假设关系：（幸亏）……，不然……

解释　表示因为有某种有利的条件或者原因而没有发生不好的情况或者结果。"幸亏"后面是某种有利的条件或者原因，"不然"后面表示如果不是这样，就会有不好的情况出现。

The structure is used to say that thanks to some favorable conditions or some reasons, bad things did not happen. "幸亏" is followed by favorable conditions or reasons, and "不然" is used to say otherwise, something bad will happen.

- 幸亏碰见你了，要不然我今天肯定要迟到了。
- 幸亏你昨晚给我发了个短信，不然我今天就要白跑一趟了。

练一练　用"不然"及所给词语完成句子。

Complete the sentences with " 不然 " and the words provided.

① 幸亏有你帮忙，＿＿＿＿＿＿＿＿。（淋湿）
② 幸亏病人送来得很及时，＿＿＿＿＿＿＿。（危险）

30　条件关系：除非……，不然……

解释　"除非"后面的条件是唯一的，"不然"表示如果不是这样会出现什么样的结果。

The condition after "除非" is unique, and "不然" introduces the result that will be without the condition.

例句

- 除非她的父亲允许，不然她是不能嫁给你的。
- 除非是熟人，不然很难分辨对方的身份。

 练一练　用括号中的词语完成句子。

Complete the sentences with the words provided.

① A：周末你陪我去逛街，行吗？
　 B：＿＿＿＿＿＿＿，不然我不答应你。（除非　半天）
② 除非刮风下雨，＿＿＿＿＿＿＿。（不然　骑车）

31　让步关系：哪怕……，也／还……

解释　"哪怕"后面表示假设，"也／还"后面表示原来的情况或者决定也不会改变。

"哪怕" is used to introduce a hypothesis, and "也／还" is used to say in spite of it, the previous conditions or decisions will never change.

例句

- 哪怕今天不睡觉，也要完成任务。
- 哪怕刮风下雨，我们也要准时出发。
- 做任何事情，我们都不应该轻易放弃，哪怕前行的道路再苦再难，也要坚持下去，这样才不会在自己的人生里留下太多遗憾。

 练一练   用"哪怕"及所给词语完成句子。

Complete the sentences with "哪怕" and the words provided.

① _____，我也要坚持到底。（苦　累）
② _____，我也一定要跟他结婚。（不同意）

固 定 格 式

32　为……所……

 解释   "所"用在及物动词前面，表示被动。"所"后的动词后面常常不带补语。

"所" is used before a transitive verb, indicating passivity. The verb after "所" is often not followed by complements.

格式	为 + 名词 / 名词性短语 + 所 + 动词

例句

- 多心的人注定活得辛苦，因为情绪太容易为别人所左右。
- 一位少年为金矿的巨大利益所吸引，加入了去山里寻找金矿的行列。

练一练　用"为……所……"及所给词语完成句子。

Complete the sentences with "为……所……" and the words provided.

① 很多人听了这个故事，＿＿＿＿＿＿＿＿。（感动）

② 《红楼梦》这本书很有意思，＿＿＿＿＿＿＿。（喜爱）

HSK5 级
练习参考答案

1 以来
① 改革开放以来，中国发生了巨大的变化。
② 入冬以来，这儿的空气污染越来越严重。

2 多亏
① 多亏你开车送我，不然我真没法儿准时到机场。
② 多亏你提醒我，要不我就忘了。

3 靠
① 人生成与败不能完全依赖别人的安排与帮助，主要还得靠自己的努力。
② 中国人常说："在家靠父母，出门靠朋友"，有什么我能帮的，尽管告诉我。

4 难免　① C　　② B

5 便₁、₂　① B　　② C
　　　　　　① C　　② D

6 根本　① D　　② B

7 果然
① 看样子里面放的可能都是吃的东西，打开一看，果然都是食物。
② 早就听说张小姐漂亮又大方，今天见到她，果然如此。

8 忽然　① 突然　　② 突然／忽然

9 简直
① 听到最后的结果时，我完全没想到，简直不敢相信自己的耳朵。
② 你看，他们兄弟俩长得太像了，简直一模一样。

10 连忙　① 孩子看见妈妈从外面回来了，连忙跑出去迎接。

② 坐在旁边的妻子发现警察没有明白自己的意思，连忙向警察解释。

11 难怪

① 他是今天新来的，难怪大家都不认识他。
② 你们已经认识这么多年了，难怪你这么了解他。

12 始终

① A　　　　　　　② B

13 勿

① 墙上的牌子写着"请勿乱写乱画"。
② 公共场所，请勿吸烟。

14 朝₁、₂

① 小男孩儿说着，就把一块钱放在柜台上，然后转身朝外面走去。
② 我仿佛看到胜利正在朝我们走来。

① 孩子朝他妈妈挥了挥手。
② 我们的火车开往北京。

15 趁

① 趁电影还没开始，我去买两瓶矿泉水。
② 趁着还没下雨，我们赶快走吧！

16 于₁、₂、₃

① 甲骨文大约产生于商周之际，是目前发现的中国最为古老的文字。
② 中华人民共和国成立于 1949 年。

① 上海东方明珠广播电视塔位于黄浦江边。
② 这种茶叶产于中国的黄山。

① 老王总是忙于工作，每天早出晚归。
② 学校每年都花很多钱用于基础设施建设。

17 至于

① 每一个人都会在自己的生命旅程中，遇到"三种人"：第一种人应当尊为师友；第二种人需要远离；至于第三种人，则要以礼相待。
② 我只知道他不喜欢吃辣的，至于他喜欢吃什么，我就不清楚了。

18 以及	① 不要将筷子随便晃动，也不要用筷子敲打碗、盘子以及桌面。
	② 老师问了很多问题，比如"学习结束后你的打算是什么？"，"你习惯不习惯吃中国菜？"，以及"你为什么学习汉语？"等。
19 似的	① 我简直不敢相信这是真的，跟做梦似的。
	② 这里的农村发展很快，看起来跟城市似的。
20 所	① 人物画所表现的是人类社会，以及人与人的关系。
	② 希望这次我所说的能对你有帮助。
21 兼语句：令	① 洁白的雪峰和翠绿的云杉树倒映湖中，如诗如画，令游客神往。
	② 老师的回答既清楚又完整，令同学们很满意。
22 兼语句：派	① A ② C
23 比较句：A 不如 B（这么/那么）+ 形容词	① 公司今年的投入不如去年多。
	② 这学期的成绩不如上学期好。
24 递进关系：不但不/不但没有……，反而……	① 这样做不但没有解决已有的问题，反而还会产生新的矛盾。
	② 这样做不但不能提高学生的汉语水平，反而有可能降低学生学习汉语的热情。
25 选择关系：宁可……，也不/也要……	① 他宁可自己吃亏，也不让朋友吃亏。
	② 作为母亲，她宁可自己辛苦一点儿，也不让孩子觉得委屈。
26 选择关系：与其……，不如……	① 因为馆内的每一件收藏品都是举世无双的瑰宝，与其浪费时间考虑抢救哪件，不如抓紧时间抢救一件算一件。
	② 与其找一个不认真的人帮我做，不如我自己一个人完成。

27 假设关系：假如……，就……	① 假如你能真心地帮助别人，<u>你就能体验到人生的快乐</u>。 ② <u>假如我来不了的话</u>，你就替我参加吧。
28 假设关系：万一……，（就）……	① 中国人常说："不要把鸡蛋全放在一个篮子里"，因为<u>万一失手，鸡蛋就有可能全部打碎</u>。 ② 我建议咱们还是早点儿出发吧，<u>万一堵车了怎么办</u>？
29 假设关系：（幸亏）……，不然……	① 幸亏有你帮忙，<u>不然我今天肯定淋湿了</u>。 ② 幸亏病人送来得很及时，<u>不然会有生命危险</u>。
30 条件关系：除非……，不然……	① 除非你答应我只逛半天，<u>不然我不答应你</u>。 ② 除非刮风下雨，<u>不然我一定骑车上下班</u>。
31 让步关系：哪怕……，也/还……	① 哪怕再苦再累，<u>我也要坚持到底</u>。 ② 哪怕大家都不同意，<u>我也一定要跟他结婚</u>。
32 为……所……	① 很多人听了这个故事，<u>都为故事的内容所感动</u>。 ② 《红楼梦》这本书很有意思，<u>为许多人所喜爱</u>。

HSK **6** 级

1 上下

解释 名词，用于空间，表示从上面到下面，以上和以下。可单用，也可用于"上下 + 名词"结构。

noun "上下" is used to refer to space, meaning "upper and lower; up and down". It can be used alone or in the structure "上下 + noun".

例句
- 他径直走到一个士兵面前，上下打量了一番。
- 石窟南北长一千六百余米，上下共五层，最高处达五十米。
- 上下文、上下宽度、上下位置

练一练 给括号中的词语选择适当的位置。

Choose the correct place for the words in the brackets.

① 乞丐 __A__ 怔住了，他 __B__ 用异样的目光看着母亲，颈间的 __C__ 喉结 __D__ 滚动了两下。（上下）

② 他 __A__ 今天 __B__ 出门没带雨伞，回家路上 __C__ 浑身 __D__ 都被雨淋湿了。（上下）

✛ 扩展

1. "上下"用于人事方面，指上级和下级、长辈和晚辈等，可以重叠使用。

"上下" is used to refer to personnel, meaning from the higher levels to the grass roots or from elder members of a family to the young ones. It can be used as "上上下下".

例
- 公司全体员工上下一条心，把公司的事业看作是自己的事业来努力。
- 快过年了，家里上上下下都兴高采烈的。

2. "上下"用于整数后面，表示概数。在表示概数时，"上下"和"左右"都放在数量词之后，但"数量词 + 上下"常用来指年龄或重量，不能指时间、距离；而"数量词 + 左右"则不限。

"上下" can be used after a whole number to indicate a round number. When used to represent round numbers, "上下" and "左右" are both placed after quantifiers. "quantifiers +上下" is often used to refer to age or weight but not time or distance, while "quantifiers + 左右" is used more casually.

例 ▪ 她姑姑的年龄在五十岁上下。（√）
　　▪ 张东身高一米八，体重在160斤上下，不算胖。（√）
　　▪ 他八点上下就到了。（×）
　　▪ 从我家到学校有三公里上下。（×）

3. "上下"表示（程度）高低、好坏，常见结构为"不相上下""难分上下"。

"上下" means "(of level/degree) relative superiority/inferiority". It is usually used in "不相上下" "难分上下" to mean that it is hard to say which one is better or stronger.

例 ▪ 他们俩的汉语水平不相上下。
　　▪ 在服装质量方面，国产的和进口的难分上下。

（代）（词）

2 人家

🔊 解释　　人称代词，读音为"rénjia"。表示某人或某些人，所说的人已在上文出现，相当于"他"或"他们"。

personal pronoun　"人家" is pronounced as "rénjia". It is used to refer to someone mentioned above, and is similar to "他" or "他们".

- 他想请某著名演员来演，但他一个小人物，跟人家（指演员）连话都说不上。
- 那些商贩都很狡猾，你原本可以少出一些钱就能买到的画儿，也被人家（指商贩）要了高价。

📝 **练一练**　画线部分的"人家"具体指什么？
What does the underlined "人家" refer to?

① 我问过好几个大夫，<u>人家</u>都说这个病能治好。
人家→_____
② 许多发达国家的技术质量标准比我们国内实行的标准要高得多。既然我们要把产品出口到这些国家，当然就要依据<u>人家</u>的标准。
人家→_____

✛ **扩展**

1. 人称代词，读音为"rénjia"。表示别人。
personal pronoun　"人家" is pronounced as "rénjia", referring to "others; everybody else".

例
- 他十二岁去国外读书，生活不习惯，被人家欺负。
- 人家是人，我也是人，为什么我就学不会？
- 每逢演奏的时候，南郭先生就捧着竽混在队伍中，人家摇晃身体他也摇晃身体，人家摆头他也摆头，看上去和别人一样吹奏得很投入。

2. 人称代词，读音为"rénjia"。指说话人自己，即"我"，一般是女人向男人撒娇或者抱怨时用。
personal pronoun　"人家" is pronounced as "rénjia", meaning "I; me". It is usually used by a female when she grumbles or acts spoiled to a male.

例
- 你说过要陪人家过情人节的，一定要说话算话啊。
- 你走慢点儿，人家都跟不上啦！

3. 名词，读音为"rénjiā"。表示住户或家庭。

noun　"人家" is pronounced as "rénjiā", meaning "household; family".

例
- 这位大臣花了三个月的时间，终于打听到某处人家有一匹千里马。可是，等他赶到这户人家时，马已经病死了。
- 在我们参观的土楼中，最普通的圆楼，其直径大约为五十米，三四层楼的高度，共有百余间住房，可住三四十户人家，能容纳二三百人。
- 这些孤儿在"儿童村"里像普通人家的孩子一样健康、幸福地成长。

4. 名词，读音为"rénjiā"。指女子未来的丈夫家。

noun　"人家" is pronounced as "rénjiā", meaning "family of a girl's betrothed".

例　她已经有人家了。

数　量　词

3 番

🔊 **解释**　动量词，多用于费时较多、用力较大的动作，前面的数词一般为"一"或"几"。相当于"次""回"。

verbal measure word　"番" is often used after "一" or "几" to modify time-consuming, energy-consuming actions. It is similar to "次" or "回".

例句

- 经过几番拼搏，他终于获得了成功。
- 虽然我已经对他讲了什么是电影，但他还是一看见镜头就害怕，三番两次催我回家。
- 每次浇完水，主人都会赞美一番那棵大树，而身材矮小的那棵树却被冷落在花园的一角。

练一练　选词填空。

Fill in the blanks with the correct words.

① 经过一_____搜寻，它终于找到了一个可以进入葡萄园的小洞。（次　番　回）
② 他仔细观察了几_____，发现柜子后面还藏着一道门。（番　段　份）

✚ 扩展

1. "番"作为名量词，多用于心思、言语、过程等，前面的数词限于"一""几"。

As a noun measure word, "番" is usually for thoughts, speeches, processes, etc. It can only be used after numerals "一" and "几".

例
- 张良尊敬长者，宽容待人，诚实守信，做事勤勉，所以成就了一番大事业。
- 这番话让这个经理动容不已。
- 他经过了几番风雨才懂得了人生的价值。

2. "番"表示"倍"，只用于动词"翻"后。

"番" means "-fold; times". It is used only after verb "翻".

例
- 引进国外的先进设备以后，这家工厂的产量翻了一番。
- 十年内，进城务工人员的数量翻了几番。
- 四年以后，中国居民人均收入要翻番，国民生产总值也要翻番。

4 不妨

解释　副词，表示可以这样做，没有什么害处。

adverb　"不妨" is used to advise someone to do something as it is harmless.

格式 1　不妨 + 重叠动词 / 动词性短语

例句
- 父亲指着含羞草说："你不妨碰碰它们，看看有什么变化。"
- 对年轻人不妨稍微夸张地赞扬他的才能和勇气。
- 要了解一个人，不妨看他读些什么书，这跟观察与他来往的朋友一样有效。

格式 2　重叠动词 / 动词性短语 + 也 + 不妨

例句
- 这个地方变化很大，既然来了，看看也不妨。
- 只要孩子喜欢，我们多走点儿路也不妨。

练一练　用"不妨"及所给词语完成句子。

Complete the sentences with "不妨" and the words provided.

① 不要一边开车一边操控车内音响，比如快进、快退等，这些操作都是不安全的，_____

_____。（等红灯）

② 如果你一时很忙没有足够的时间吃饭，＿＿＿＿＿＿＿＿＿＿＿

＿＿＿＿＿＿＿＿＿＿＿＿＿。（零食）

5　不免

 解释　副词，表示必然，免不了。多用于后一小句，只修饰肯定形式的
多音节动词、形容词。

adverb "不免" means "inevitably". It is normally seen in the second
half of a sentence, and is used only to modify affirmative multi-
syllable verbs or adjectives.

- 他做出这种事，人家不免议论。
- 他直到晚上十二点都还没回来，妻子不免有些着急。
- 每当这时，我不免要想，要是当初不来北京呢？要是
  当初不选择这个专业呢？

比一比　不免、难免、未免

1. "未免" 表示对某种过分的情况进行否定，侧重评价。
"未免" is used to negate some unreasonable situations with
an emphasis on judging them.

例　- 如果一趟只办一件事情的话，未免太浪费时间了。
- 这些书留着没有什么用处，扔掉又未免可惜。

2. "不免" "难免" 表示客观上不容易避免，"未免" 不能
跟 "不免" "难免" 换用。
"不免" and "难免" is used to say it is not easy to avoid something
objectively; they cannot be replaced by "未免".

例　- 直到晚上十一点女儿还没回家，妈妈不免/难免
有些着急。（✓）

■ 他在这个地方生活了二十年，未免受到当地风俗习惯的影响。（×）

🖊 **练一练**　选词填空。

Fill in the blanks with the correct words.

① 他从来没有见过这么隆重的场面，心里＿＿＿＿＿＿有些紧张。（未免　不免）

② 谁能同时具备这些能力和资格呢？你的要求＿＿＿＿＿＿太过分了。（未免　不免）

6 不由得

🔊 **解释**　副词，表示忍不住，控制不住。

adverb　"不由得" means "can't help doing something".

💬 **例句**

■ 他环顾崇山峻岭、松林竹园、溪水瀑布，不由得思绪万千。

■ 她第一次听到这些情况，不由得激动起来。

■ 这歌声和鼓声产生出的力量，惹得你喉咙发痒，脚底生热，不由得想唱想跳。

🖊 **练一练**　用"不由得"及所给词语完成句子。

Complete the sentences with "不由得" and the words provided.

① 他想起自己的错误，＿＿＿＿＿＿＿＿＿＿＿＿＿。（脸红）

② 看到这张照片，我＿＿＿＿＿＿＿＿＿＿＿＿。（想家）

7　过于

🔊 **解释**　副词，表示过分。用在形容词或表示心理状态的动词前面，表示程度或数量超过了限度。多修饰双音节形容词、动词。

adverb　"过于" means "much too". It is used before adjectives or verbs about psychological states to show that someone or something is beyond the limit. It is often used to modify double-syllable adjectives and verbs.

- 这种说法过于笼统。
- 摆酒请客，过于隆重。吃早茶则较为简便，所费不多。
- 在不了解对方的情况下，不要过于相信别人。

✏️ **练一练**　用"过于"改写句子。

Paraphrase the sentences with "过于".

① 货架摆放改变太频繁会引起顾客反感。

_____

② 我们总是走到两个极端，要么过分追求个体的价值而忽视了整体的利益，要么过分注重整体的利益而牺牲了个体的利益。

_____

8　明明

🔊 **解释**　副词，表示清楚，显然这样。用"明明"的小句前或后常有反问或表示转折的小句。

adverb　"明明" means "clearly; apparently". There is usually a rhetorical question or short transition sentence before or after the clause with "明明".

- 我刚才明明看见有人进了这个房间，怎么现在房间是空的呢？
- 毕业以后，他明明可以在大城市找到一份好工作，却偏偏要回农村种地。
- 售票处明明写着门票每张十元，可当我买门票时，售票处工作人员却向我要五十元。

例句

练一练　组句。

Put the words in the correct order to complete the sentences.

① 讲座　明明　明天　下午　我　告诉　你　是

_____, 你怎么今天下午就来了？

② 明明　抽烟　对　身体　不　好　他　知道

_____, 但还是天天抽。

9 偏偏

解释　副词，表示范围，意思是"单单、唯独"，带有不满的口气。

adverb　"偏偏" is used to refer to the scope, meaning "only; alone". It often conveys a discontent tone.

例句

- 既然有这么多人，为什么偏偏打发你来呢？
- 别人都收到了一份礼物，偏偏没有我的。

练一练　用"偏偏"改写句子。

Paraphrase the sentences with "偏偏".

① 别人都能来，为什么就你来不了？

② 别的女孩儿我都不喜欢，我就只喜欢你。

✚ 扩展

1. "偏偏"表示故意跟常情或别人的要求相反。

"偏偏" indicates doing something against logic or other people's requirement on purpose.

例 家人都认为学历史的话以后不好找工作，希望他学医，他偏偏就要学历史。

2. "偏偏"表示实际情况跟客观需要或主观愿望不一样。

"偏偏" indicates that the actual situation is not what one needs or wishes for.

例 她恨自己为什么能治好别的病人，偏偏就治不好自己的母亲。

10 时而

🔊 **解释**   副词，表示不定时地重复发生，多用于书面语。

adverb   "时而" is normally used in written Chinese, meaning something happens repeatedly and not regularly.

格式 1   时而……（，）时而……

该结构表示不同的现象或事情在一定时间内交替出现或者发生。

"时而……（，）时而……" is used to show the alternating appearances of different phenomena or things in a certain period of time.

- 她时而翻翻报纸，时而看看窗外，一副无聊的样子。
- 观众们的心随着剧情的演变，时而欢快，时而沉闷，时而悲伤，时而愤怒。
- 天上时而出太阳，时而下大雨，大家身上的衣服一次次被雨水淋透，又一次次被太阳晒干。

例句

格式 2　时而 + 动词性短语 / 形容词性短语

该结构不重复使用。

"时而 + verbal phrase / adjective phrase" cannot be used repeatedly.

- 天空时而飘过几片薄薄的白云。
- 街上时而有叫卖声传来。
- 七十七岁高龄的邓小平说话缓慢，但很有力度，左手夹着烟，右手时而做个强调动作。

例句

比一比　时而、不时

1. "时而"和"不时"都可以表示不定时地重复发生，当"时而"单用时，可以和"不时"互换。

"时而" and "不时" can both be used to indicate that something happens repeatedly and not regularly. When "时而" is used not repeatedly, it can be replaced by "不时".

例　马路上时而/不时传来货车压过路面的轰隆声。

2. "时而"重复使用时，即"时而……（，）时而……"，二者不能互换。

When "时而" is used in the structure "时而……（，）时而……", it cannot be replaced by "不时".

例　■ 他时而翻翻手边的资料，时而在电脑上打打字，时而又盯着屏幕思考一阵。（✓）

> ■ 他不时翻翻手边的资料，不时在电脑上打打字，不时又盯着屏幕思考一阵。（×）

练一练　用所给词语模仿造句。

Look at the example sentences, and complete the following sentences with the words provided.

① 这种事情在我们身边时而发生。
这种新闻在我们身边＿＿＿＿＿＿＿＿＿＿＿＿＿＿＿＿。(听到)

② 她们时而用汉语交谈，时而用韩语交谈。
上课的时候他＿＿＿＿＿＿＿＿＿＿＿＿＿＿＿，＿＿＿＿＿＿＿＿
＿＿＿＿＿＿＿。(玩手机　说话)

11　特意

解释　副词，表示为一个专门目的而做某事，或由于重视而做某事。
adverb "特意" means to do something for specific purposes or out of attention towards it.

> ■ 为了准备这次采访，我特意看了些资料。
> ■ 他们知道我今天正式上班，特意为我举办了一个欢迎会。
> ■ 在体育比赛中，为了避免实力强的选手因为各种原因被过早淘汰，人们特意设立了一种制度。

比一比　特意、故意

"特意" 表示为一个专门目的而做某事，没有贬义；"故意" 是明知不应该这样做而这样做，常含有贬义。
"特意" means to do something specially for some purposes without derogatory sense. "故意" means to do something on purpose with a derogatory sense.

例
- 为了纪念这位民族英雄，人们特意为他立了一块纪念碑。（√）
- 为了纪念这位民族英雄，人们故意为他立了一块纪念碑。（×）
- 为了逃避这次野外训练，他故意让自己得了重感冒。（√）
- 为了逃避这次野外训练，他特意让自己得了重感冒。（×）

比一比 特意、特别

1. "特意""特别"都可以表示专为某件事，放在动词前，这时可以互换。

"特意" and "特别" can replace each other when put before verbs to mean to do something specially.

例 刚回家那天，妈妈特意／特别做了几个我爱吃的菜。

2. "特别"还可以表示程度深，常放在形容词或心理动词前，"特意"不行。

"特别" can also indicate a great extent, normally put before adjectives or psychological verbs, while "特意" cannot be used this way.

例
- 他女朋友长得特别漂亮。（√）
- 他女朋友长得特意漂亮。（×）
- 他特别喜欢吃中国菜。（√）
- 他特意喜欢吃中国菜。（×）

练一练　选词填空。
Fill in the blanks with the correct words.

> 故意　特意　特别

① 为了引起他的注意，她＿＿＿＿＿踩了他一脚。
② 这是我＿＿＿＿＿给你做的牛肉馅儿饺子，你尝尝。
③ 这件礼物很＿＿＿＿＿，所以这么多年以后我仍然记得。

12 愈

 解释   副词，表示更、越，多用于书面语。

adverb   "愈" means "more". It is usually used in written Chinese.

格式	愈……，愈……；愈来愈……

例句

- 教育愈普及，教育的质量愈高，文化发展的速度就愈快，文化水准也就愈高。
- 近年来，假期出国旅游的人愈来愈多了。
- 教材并不是愈难愈好，适合学生水平才是最重要的。

练一练   用所给词语模仿造句。

Look at the example sentences, and complete the following sentences with the words provided.

① 随着中国经济的不断发展，国外学习汉语的人愈来愈多。
随着一次又一次的成功，他变得＿＿＿＿＿＿＿。（自信）

② 工厂规模愈大，产品愈多，获利就愈多。
看的书＿＿＿＿＿＿，积累的知识＿＿＿＿＿＿，
人的眼界也就愈开阔。（多　丰富）

13 逐年

 解释   副词，表示一年接一年地，一年比一年。

adverb   "逐年" means "year by year; year after year".

例句

- 地球温度在逐年上升。
- 地下水水位逐年下降。
- 随着模式的成熟和完善，上海国际电影节的吸引力逐年倍增。

练一练　用"逐年"改写句子。

Paraphrase the sentences with "逐年".

① 这个地区的绿地面积正在一年一年地缩小。

_____

② 高考人数一年比一年增加，学生压力也一年比一年加大。

_____

14 连同

🔊 **解释**　连词，表示"和、与"的意思。"连同"前后的名词成分通常在语义上是相关的，或者同为一个整体的组成部分。

conjunction　"连同" means "together with; along with; with". The two noun structures "连同" links are related in meanings or belong to one whole thing.

例句

- 这些传统美德连同它们的魅力，有助于我们的孩子树立正确的人生观。
- 岸上的游客们只能看着小船连同 13 名游客全部落入 4.5 米深的水中。
- 生产部应该将采购的设备，连同有关资料一并交到技术部。

⚠ **注意**

"连同"可用在主语前，和主语之间有停顿，句中通常有数量短语。

"连同" can be used before the subject of a sentence with a comma between them, and normally there are quantity phrases.

例
- 连同迟到的那几个人，参加这次爬山活动的一共有三百四十七人。
- 连同上次借给她的一万块，她已经从我这儿借走小两万块钱了。
- 连同刚才那一个，他一口气吃了十个包子。

✎ **练一练**　用"连同"及所给词语完成句子。

Complete the sentences with "连同" and the words provided.

① 警察对过往的各种车辆开始进行检查，公共汽车、出租车、私家车，＿＿＿＿＿＿＿＿＿＿＿，都逃不掉被检查。（货车）
② 南极大陆，＿＿＿＿＿＿＿＿＿＿＿，合称南极洲。（大小岛屿）

助　词

15　而已

📢 **解释**

语气助词，用在陈述句末，表示有点儿不屑或者无奈的语气，常跟"只""不过""仅仅"等连用。多用于书面语。

modal particle "而已" is used at the end of a declarative sentence to express one's slight disdain or resigned tone. It is often used with "只", "不过" or "仅仅", etc. It is usually used in written Chinese.

格式	……只 / 不过 / 仅仅……而已

> - 我给自己的定位是文化使者，表演相声对我来讲只是手段而已。
> - 一个人即使朋友遍天下，也不过是表面的热闹而已。
> - 如果没有"狗仔队"，你就不会知道明星们都出入什么场所，哪对明星在谈恋爱，等等。总之，你的生活会少很多乐趣。但，也仅仅是这样而已。

练一练　用"而已"及所给词语完成句子。

Complete the sentences with "而已" and the words provided.

① A：你的汉语说得很不错！

　B：哪里哪里，我＿＿＿＿＿＿＿＿＿＿＿。　（常用的句子）

② 你不要责怪他，他＿＿＿＿＿＿＿＿＿＿＿。　（帮帮你）

特 殊 句 型

16　兼语句：嫌

解释　宾语既是前一个动词"嫌"的宾语，同时也是后一个动词的主语。"嫌"表示"厌恶、不满意"的意思。

The object of "嫌" is also the subject of the verb after "嫌". "嫌" means "dislike; dissatisfy".

格式　主语 + 嫌 + 人 + 动词性短语 / 形容词性短语 / 主谓短语

- 他嫌那个女人太胖。
- 老李嫌他老婆不识字。
- 叶秋嫌丈夫的老家太偏僻，生活不方便。

练一练　用"嫌"改写句子。
Paraphrase the sentences with "嫌".

① 妈妈对我的字不满意，觉得我的字太难看。

_____

② 他对父母不满意，因为父母没能力帮他安排一份好工作。

_____

17　转折关系：……，反之……

解释　"反之"是连词，表示相反、反过来说或反过来做。用在两个小句、句子、段落中间，起转折作用，引出同上文相反的另一意思。"反之"后常有停顿。

"反之" is a conjunction which means "whereas; on the contrary". It is used between two clauses, sentences or paragraphs to lead to an opposite meaning. There is often a comma after "反之".

格式	……，反之（，）……

例句

- 实际里程和航空里程的折算比例，主要考虑到票价折扣问题，即折扣越少，航空公司能拿出来的奖励幅度越大，反之则越小。
- 一个孩子如果在十四岁之前学到他感兴趣的东西，他的智力将会得到极大的开发。反之，如果十四岁之前，孩子学的是他不感兴趣的东西，那么他的智力很大程度上将会被扼杀。
- 如果在鲨鱼面前，你能够心情坦然，毫不惊慌，那么鲨鱼对你就不构成任何威胁，哪怕它不小心触到了你的身体，也不会有任何侵犯。反之，如果你一见到鲨鱼就吓得浑身发抖，尖声惊叫，只想快点儿逃命，那么你注定会成为鲨鱼的一顿美餐。

练一练   用"反之"完成句子。

Complete the sentences with "反之".

① 当飞机速度逐渐加快时，乘客会感到自己的身体在上升；

_____。

② 有人认为，在爱情方面，女人往往肯为爱情牺牲，_____

_____。

---

18 转折关系：⋯⋯固然⋯⋯，但是⋯⋯

解释   "固然"是连词，表示先承认某个事实，再转入下文的转折。多用于书面语。

"固然" is a conjunction which indicates that you admit a fact first, and then shift to a turn. It is usually used in written Chinese.

1. 前后小句意思矛盾时，"固然"的用法接近"虽然"，后一小句常用"可是""但是""不过""却"等配合，表示"A 固然有好的地方，但是 A 也有不好的地方"。 有时，可以重复同一形容词谓语，"固然"插在中间。

When the meaning of the clause with "固然" contradicts the meaning of the clause with "可是", "但是", "不过" or "却", "固然" is similar to "虽然". The whole sentence means that "although A has advantages, A also has disadvantages". Sometimes the adjective is repeated, and "固然" can be put between the repeated adjectives.

> 例句
> - 经验多固然是好事，但是如果一个人只靠经验工作，也是不行的。
> - 宁折不弯固然值得赞美，但是它粉身碎骨的结果却令人叹息。
> - 人的一生中，思前想后、犹豫不决固然可以免去一些做错事的可能，但是也会失去很多成功的机遇。
> - 搬到城里以后，生活方便固然方便，但是也拥挤喧闹了很多。

2. 前后小句意思不矛盾时，重在突出后一小句，常用"也"配合，表示"A 固然好／坏，B 也不错／坏"。在这种用法中，"固然"不能用"虽然"替换。

When the meanings of the clauses are not contradictory, the emphasis of the whole sentence is the second clause, in which "也" is usually used. The whole sentence means that "A is good/bad, but B is not bad/not good". "固然" cannot be replaced by "虽然" in this case.

> 例句
> - 能和你们一起去固然很好，去不了也没关系。
> - 成功了固然可喜，失败了也问心无愧。
> - 不擅交际固然是一种遗憾，不耐孤独也未尝不是一种很严重的缺陷。

比一比　固然、虽然

1. "虽然"可用于主语前或主语后，比较自由，"固然"很少用于主语前。

"虽然" is freely used before or after the subject, while "固然" is seldom put before the subject.

例
- 虽然我不喜欢吃药，但为了病早点儿好，也只得吃。（√）
- 我虽然不喜欢吃药，但为了病早点儿好，也只得吃。（√）
- 他固然很好，但也有缺点。（√）
- 固然他很好，但也有缺点。（×）

2. "固然" 的意思侧重于承认某一事实，"虽然" 侧重于让步。
"固然" is more about admitting a fact, while "虽然" is more about making a concession.

例
- 他的工作固然/虽然很忙，但还是可以抽出一些时间来参加这个聚会的。（√）
- 能考上大学固然很好，但考不上也不丢人。（√）
- 能考上大学虽然很好，但考不上也不丢人。（×）

📝 **练一练**   用 "……固然……，但是……" 完成句子。
Complete the sentences with "……固然……，但是……".

① 倾听别人的建议＿＿＿＿＿＿＿＿，＿＿＿＿＿＿＿＿。
② 如果能够通过探险旅行来赚钱＿＿＿＿＿＿＿＿，
　　＿＿＿＿＿＿＿＿。

19 条件关系：凡是……，……

📣 **解释**   "凡是" 是副词，表示所有、一切。用在主语前面。
adverb   "凡是" means "all; every". It is used before the subject.

格式	凡是……的（＋名词）（，）（都）……

例句

- 凡是同意去长城的请举手。
- 据说，凡是经他那双手雕刻出的人物，都栩栩如生，逼真至极，甚至比模特本身更富有生气。
- 凡是在南极经历过极昼的人，他们最大的愿望就是能够见到夜色，见到黑暗，黑暗成了生命的急需。

⚠ **注意**

"凡是" 中的 "是" 可以省略，只用 "凡"。

"是" can be deleted from "凡是".

✎ **练一练**　用 "凡是" 及所给词语完成句子。

Complete the sentences with "凡是" and the words provided.

① _____，都要重修这门课。(通过)
② _____，都能从小自然地学会一种语言。（正常）

20　因果关系：鉴于……，……

🔊 **解释**　"鉴于" 是连词，用在表示因果关系复句中的前一分句句首，指出后一分句行为的依据、原因或理由。多用于书面语。

"鉴于" is a conjunction. It is used at the beginning of the first clause of a cause-effect compound sentence to introduce the basis of or reason for the action in the second clause. It is often used in written Chinese.

例句

- 鉴于酒吧生意清淡，他决定暂停营业一个月，装修整顿。
- 鉴于目前大城市房价飞涨，很多年轻人选择回家乡小城镇工作。
- 鉴于他恢复健康还需要一段时间，我们只好找别人先接替他的工作。

⚠ **注意**

"鉴于"用在因果关系复句中表因的分句里，只能出现在句首，前面一般不能出现主语。

"鉴于" can only appear at the beginning of the first clause of a cause-effect compound sentence. Often there should not be a subject before it.

✏ **练一练**　　用"鉴于"及所给词语完成句子。

Complete the sentences with "鉴于" and the words provided.

① _____，公司决定下个月再生产一批该款手机。（受欢迎）

② _____，打算近期去那儿旅行的人最好修改自己的出行计划。（局势混乱）

✚ **扩展**

"鉴于"作为介词，表示以某种情况为前提加以考虑。多用于书面语。

"鉴于" as a preposition, means "in view of; seeing that". It is often used in written Chinese.

例　▪ 鉴于我国国情，目前恐怕不适合推行这项政策。

　　▪ 鉴于这些原因，他们得到这个荣誉是必然的。

21　因果关系：……，以致……

📢 **解释**　　"以致"是连词，连接分句，用在下半句的开头，表示由于前面所说明的原因导致后面的结果，一般是不好的或说话人不希望出现的结果。

"以致" is a conjunction. It is used at the beginning of a clause which introduces the result of the clause before it. The result is often bad or undesirable.

例句

- 他从小缺乏关爱，以致成年以后性格有些扭曲。
- 有时候过高地估计困难、强调风险，会削弱拼搏的勇气，变得瞻前顾后，缩手缩脚，以致错过成功的良机。
- 有人抱怨没有机会，然而当机会来临时，却因为自己没有足够的学识与能力，以致不能胜任，只能后悔莫及。

比一比　以致、以至

1. 这两个词都可以用在因果复句里，表示由于第一分句说明的原因而造成的结果，但"以致"强调的是不好的、不希望得到的结果，"以至"则用于表示一般性的结果。

Both can be used in a cause-effect compound sentence, introducing the corresponding result of the cause stated in the clause before them. "以致" is followed by bad or undesirable results, while "以至" is followed by neutral results.

例
- 他大声地唱歌，以致嗓子都哑了。
- 他专心致志地画画儿，以至有人进来都不知道。

2. "以至"还可以表示在时间、数量、程度、范围等方面的延伸，而"以致"没有这个用法。

"以至" can also be used to show extension in time, quantity, extent or scope, while "以致" cannot.

例
- 来听他讲课的，有学生、助教、讲师以至教授，还有许多社会上的青年。（✓）
- 来听他讲课的，有学生、助教、讲师以致教授，还有许多社会上的青年。（✗）
- 这种建筑可以保存几十年、上百年以至上千年。（✓）
- 这种建筑可以保存几十年、上百年以致上千年。（✗）

✐ **练一练**　　选词填空。

Fill in the blanks with the correct words.

① 他长期熬夜，不注意休息，＿＿＿＿＿＿身体出了大问题。
（以致　以至）

② 我们宿舍的气氛很好，＿＿＿＿＿＿每天熄了灯之后总有许多别的屋的同学到我们屋参加卧谈会。（以致　以至）

③ 这所大学是加拿大＿＿＿＿＿＿全北美唯一一所同时提供英语和法语双语教学的、正规的综合性公立大学。（以致　以至）

---

22 | 目的关系：……，以免……

🔊 **解释**　　"以免"是连词，意思是"免得、避免"。用于提起后半句话，表示前半句话是为了使后半句话所说的情况不发生。多用于书面语。

"以免" is a conjunction which means "in case; in order to avoid". "以免" is used to start the second clause of a sentence to introduce the bad results which can be avoided by doing what is mentioned in the first clause. It is often used in written Chinese.

例句

- 使用信用卡要按时还款，以免损害自己的信用。
- 锻炼的时候运动量要适当，以免对身体造成伤害。
- 这时选择的零食，热量不能太高，以免影响接下来的工作和下一餐的进食。
- 冬季停车要注意选择地点，尽量避开坑洼潮湿处，以免积水结冰，冻住车轮。

✐ **练一练**　　用"以免"及所给词语完成句子。

Complete the sentences with "以免" and the words provided.

① 她对这次面试很重视，提前开车去认了路，计算好了路上所需要的时间，＿＿＿＿＿＿＿＿＿＿＿＿。（迟到）

② 在某些公共场合，如剧院、餐厅、图书馆等，不要大声说笑，
_____。（影响）

23 到……为止

 解释

"为止"是动词，意思是"截止、终止"，多用于时间、进度等。
常见的搭配有"到目前／现在／此为止"等。

"为止" is a verb which means "be up to". It is often used to indicate time or rate of progress, and is often seen in structures like "到目前／现在／此为止".

 例句

- 这种情况会持续到免疫系统产生足以抵御感染的白细胞为止。
- 到目前为止，学者们还没有完全揭开"一见钟情"的秘密。
- 人类一直在努力创造更为完美的密码文字，但是，到现在为止，始终没有人能够解决密码文字的这个漏洞。

✎ **练一练**

模仿造句。

Look at the example sentences, and complete the following sentences.

① 到目前为止，还没有南极大陆发生大地震的记录。
_____，我的汉语已经达到六级水平。（现在）
② 今天的讨论到此为止，下次我们讨论"人类的起源"。
_____，谢谢您的配合。（访问）

HSK6 级
练习参考答案

1 上下	① D	② D
2 人家	① 大夫	② 发达国家
3 番	① 番	② 番

4 不妨
① 不要一边开车一边操控车内音响，比如快进、快退等，这些操作都是不安全的，<u>你不妨在等红灯时做这些事</u>。
② 如果你一时很忙没有足够的时间吃饭，<u>不妨先吃些零食</u>。

5 不免	① 不免	② 未免

6 不由得
① 他想起自己的错误，<u>不由得脸红了</u>。
② 看到这张照片，我<u>不由得开始想家</u>。

7 过于
① 货架摆放改变过于频繁会引起顾客反感。
② 我们总是走到两个极端，要么过于追求个体的价值而忽视了整体的利益，要么过于注重整体的利益而牺牲了个体的利益。

8 明明
① <u>我明明告诉你讲座是明天下午</u>，你怎么今天下午就来了？
② <u>他明明知道抽烟对身体不好</u>，但还是天天抽。

9 偏偏
① 别人都能来，为什么偏偏你来不了？
② 别的女孩儿我都不喜欢，我偏偏只喜欢你。

10 时而
① 这种新闻在我们身边<u>时而可以听到</u>。
② 上课的时候他<u>时而玩玩手机</u>，<u>时而跟旁边的同学说说话</u>。

11 特意	① 故意　　　② 特意/特别　　　③ 特别
12 愈	① 随着一次又一次的成功，他变得愈来愈自信。 ② 看的书愈多，积累的知识愈丰富，人的眼界也就愈开阔。
13 逐年	① 这个地区的绿地面积正在逐年缩小。 ② 高考人数逐年增加，学生压力也逐年加大。
14 连同	① 警察对过往的各种车辆开始进行检查，公共汽车、出租车、私家车，连同拉货的货车，都逃不掉被检查。 ② 南极大陆，连同附近的大小岛屿，合称南极洲。
15 而已	① 哪里哪里，我只是会说一些常用的句子而已。 ② 你不要责怪他，他只是想帮帮你而已。
16 兼语句：嫌	① 妈妈嫌我的字太难看。 ② 他嫌父母没能力帮他安排一份好工作。
17 转折关系： ……，反之……	① 当飞机速度逐渐加快时，乘客会感到自己的身体在上升；反之，当飞机速度减小时，乘客会感到自己的身体在下降。 ② 有人认为，在爱情方面，女人往往肯为爱情牺牲，反之，大部分男人却不愿意为爱情牺牲。
18 转折关系： ……固然……， 但是……	① 倾听别人的建议固然很好，但是如果总是听别人的建议，自己会不知道该怎么做。 ② 如果能够通过探险旅行来赚钱固然很好，但是赚不到钱也没关系，开阔眼界是更重要的。
19 条件关系： 凡是……，……	① 凡是没有通过这个考试的学生，都要重修这门课。 ② 凡是正常的人，都能从小自然地学会一种语言。
20 因果关系： 鉴于……，……	① 鉴于这款手机在市场上非常受欢迎，公司决定下个月再生产一批该款手机。 ② 鉴于目前那个地方局势混乱，打算近期去那儿旅行的人最好修改自己的出行计划。

21 因果关系： ……，以致……	① 以致	② 以至	③ 以至

**22 目的关系：
……，以免……**

① 她对这次面试很重视，提前开车去认了路，计算好了路上所需要的时间，<u>以免面试当天迟到</u>。

② 在某些公共场合，如剧院、餐厅、图书馆等，不要大声说笑，<u>以免影响别人</u>。

23 到……为止

① <u>到现在为止</u>，我的汉语已经达到六级水平。

② <u>我们的访问就到此为止</u>，谢谢您的配合。